臧健和传奇

布衣◎编著

中国言实出版社

图书在版编目(CIP)数据

传奇臧健和 / 布衣编著.

—北京:中国言实出版社，2012.6

ISBN 978-7-80250-912-2

Ⅰ. ①传…

Ⅱ. ①布…

Ⅲ. ①臧健和—传记

Ⅳ. ①K825.38

中国版本图书馆CIP数据核字(2011)第079158号

出版发行 中国言实出版社

地　址：北京市朝阳区北苑路180号加利大厦5号楼105室

邮　编：100101

电　话：64924716（发行部）　64924735（邮　购）

64924880（总编室）　64963106（五编部）

网　址：www.zgyscbs.csn

E-mail：zgyscbs@263.net

经　　销 新华书店

印　　刷 北京凯达印务有限公司

版　　次 2012年7月第1版　2012年7月第1次印刷

规　　格 710毫米×1000毫米　1/16　19.5印张

字　　数 320千字

定　　价 39.80元　ISBN 978-7-80250-912-2/K·173

目 录

楔子：水饺皇后，倾国倾城

她，一个被夫家抛弃的新移民，在可贵的自尊中，她选择了勇敢地走自己的路；

她，一个不愿与人“分享”丈夫的单身母亲，不畏艰难，将两个女儿养大成人、成材；

她，一个为维护尊严被人骂做傻子的普通妇女，傻固然傻，但傻得其乐；

她，一个只为生计走上街头摆摊卖水饺的小贩，生活的重轭深深勒进她柔弱的肩头，但迸发出的能量足够惊人；

20年间，她缔造了一个“跨国品牌”的奇迹，让中国的一种传统食品成了国际性饮食。

她就是臧健和——一个出身平凡却又创造了传奇的人。

说到臧建和，大家可能并不觉得很熟悉。但是要说“湾仔码头”水饺或是“臧姑娘”，大家肯定不陌生。中国人爱吃水饺，中国的水饺也闻名于世界华人圈，但真正把水饺做成大产业的，却是一个当年流落香港的青岛姑娘，她就是臧健和，人称“臧姑娘”。

1977年，从一个赤手空拳的街头小贩，做成一个13亿中国人乃至世界上爱好面食的人们都能吃到的国际品牌，臧姑娘用20年的艰辛向我们诉说了她的传奇人生。时至今日，她的故事传遍中国香港、内地以及美国和欧洲，她的人生经历甚至被改编为电视剧《水饺皇后》去鼓励和感染更多在困境中奋力进取的人。

“我不但可以给13亿中国人做饺子吃，还可以做给世界各地的人吃，让全世界像认识美国汉堡包和意大利薄饼那样认识中国的‘湾仔码头’水饺！”

“小小的水饺蕴藏着深厚的中国文化，我要通过水饺去传播这种文化，不仅让中国人，而且让世界上的人都能吃到湾仔码头水饺。”

臧健和如是说。

然而，水饺皇后最初做饺子时并没有那么远大的目标，也没想过创造如此成就。庞大的湾仔码头王国最初只是源于一颗爱女儿的普通母亲的心。被丈夫婆家无情抛弃，有家难回，被迫辗转香港谋生。车来车往、灯红酒绿的香港，臧健和身无分文、举目无亲，既不会英语又不懂粤语，找工作四处碰壁。两个女儿需要上学，可是温饱都是很大的问题。生活真可谓让人绝望到了极点。

现如今，湾仔码头水饺，占领了香港10%的新鲜水饺市场，30%的冷冻饺子市场，在1997年与美国通用磨坊公司合作后，湾仔码头水饺又继而在上海、广州建立生产基地，推出手工包制的“湾仔码头”水饺、馄饨和汤圆。时至今日，湾仔码头水饺又占据了华南冷冻食品市场的半壁江山，在北京也达到了20%以上的市场份额。臧健和也被评为“世界杰出女企业家”，身家过亿。

女作家萧红说：女人的天空是低矮的，而羽翼又是稀薄的。似乎女人本该比男人弱小、本该依附于男人一般，在现实生活中，被女人看做是人生依托的似乎只有两样东西：婚姻和工作。前者甚至更为重要。俗话说：工作好不如嫁得好。女人似乎就是为男人、为孩子而生的。

臧健和用她的故事告诉我们，并不是这样：她本是一位普通的山东妹子，从刚开始遭遇婚变，带着两个年幼的女儿，流落香港，孤苦无靠，到如今堂堂正正抚养两个女儿成人，并且成为叱咤商界的女强人。

臧健和说，女人不是天生柔弱的，女人的柔弱是后天生成的。臧健和用她的传奇告诉我们，女人一样可以通过自己后天的努力，自己的聪明才智创造出一片天空。

她曾深有感触地说：“走向成功的第一步，首先要克服自卑，战胜自己的心魔。”

“女人不是弱者，只要昂起头，不怕苦，照样能够撑起属于自己的一方天。”

在自己的博客上，臧健和给出的个人简介是：两个女儿的母亲，一个用心做出美食的中国妈妈。

曾经的“无证小贩”何以成为如今的“水饺皇后”？湾仔码头取得成功的秘诀何在？成功的背后又有着哪些不为人知的故事？

接下来请大家走近臧健和，一个普通女人、普通妈妈的传奇故事。

第一章　吾乡山东

青岛少女，美目盼兮

1945年发生过许多大事，这些大事，有的与臧健和有关，有的看似与她无关，实则有关。若根据美国气象学家爱德华•罗伦兹颇富诗意的“蝴蝶效应”原理，一只南美洲亚马逊河流域热带雨林中的蝴蝶偶尔扇动几下翅膀，尚能在两周以后引起美国德克萨斯州的一场龙卷风。更何况这些大事呢？或许世界上的任何一件事都息息相关。

这一年的4月12日，美国总统罗斯福逝世，副总统杜鲁门继任总统；4月25日，美军和苏军的先头部队在德国易北河畔的托尔高会师；4月28日，意大利法西斯党魁墨索里尼被游击战士发现并处死；4月30日，德国纳粹头子、战争狂人希特勒畏罪自杀；7月8日，苏联对日本宣战；8月6日，美国在日本广岛投下第一颗原子弹，三天后，又在长崎又投下一颗原子弹；8月15日，日本宣布无条件投降，9月2日，签署投降书，第二次世界大战结束；10月24日，联合国宣告成立……

这一年的6月，本书传主臧健和出生在山东青岛。

山东，儒家文化的发源地，名胜古迹虽没有很多，但举足轻重。那里有一山一水一圣人。山指泰山，水是黄河，圣人就是孔子。山东文化在中国的地位可见一斑。

深厚的齐鲁文化底蕴与现代西方文明在青岛交流碰撞，孕育出独特的青岛文化现象。古代青岛，是传统文化重地，近代又成为新儒学研究中心，德国人卫礼贤在青岛设立礼贤书院及尊孔文社，请西方哲学家与中国大儒探讨儒家思想，从新的视角研究儒家思想。

20世纪30年代，青岛迎来了文化高峰，康有为、沈从文、闻一多、老舍、洪深、梁实秋、王统照、萧军、萧红、舒群等众多文化名人先后定居青岛，臧克家、吴伯萧、王亚平、于黑丁、崔嵬、孟超等新秀在青岛文坛脱颖而出。《骆驼祥子》《山雨》《奇迹》《烙印》《生死场》《劫后桃花》等大批优秀作品在青岛完成。

30年代青岛的中文报纸有《青岛时报》《青岛民报》《正报》《青岛晨报》等近20家，外文报纸有《泰晤士报》《大青岛报》《青岛公报》等近10家。

建国后，青岛涌现出一批具有全国影响力的作品，如刘知侠的《铁道游击队》、冯德英的《苦菜花》、姜树茂的《渔岛怒潮》等。

青岛市有5种地方特色曲艺入选国家级非物质文化遗产名录——茂腔、柳腔、胶州秧歌、胶东大鼓、崂山道教音乐。茂腔和柳腔是青岛独特的地方戏曲，素有“胶东双花”的美誉，分别流行于胶州和即墨。胶州秧歌，传承自元杂剧，有很高的历史价值。

出生在这样风景优美、文化深厚的环境中，幼年时的臧健和受到了良好的教育，尤其是母亲的谆谆教诲，无形之中，将儒家的许多优良品格传给了臧健和。

然而，唯其优异，方成众矢之的，青岛也是一个多灾多难的地方，尤其是上个世纪三四十年代。当时的青岛，是兵荒马乱的——

1938年1月，日军第一次侵占青岛，随即成立了青岛治安维持会、日伪青岛复兴委员会、青岛治安维持会警察部等机构，将青岛完全掌控于日军的手下。

1945年9月，日军第二次登陆并侵占青岛。

日本投降后，长期处于日军铁蹄下的青岛人民觉得应该得到太阳的照耀了，但不料风云突变，美军又看中了青岛这一块肥肉。

1945年10月9日，美国海军陆战队第6师司令谢勃尔少将偕高级幕僚由前海栈桥登陆，10月11、12日，该师两个团和7个直属营相继在青岛码头登陆。嗣后，美军蜂拥而来，并出动大批军舰运送国民党军队至青岛。

1946年5月13日，美国海军第7舰队抵达青岛；同年11月，美国政府与国民党政府签订了《青岛海军基地秘密协定》，把青岛变成了美国在远东的主要海军基地之一。

美军盘踞青岛期间，不断进行军事演习，积极配合国民党军队进攻解放区，并横行市区，肆意残害中国人民。

1949年5月，中国人民解放军发动了解放青岛的青即战役，美军迫于形势，撤离青岛。

正因如此，青岛长期以来都处于残酷的形势之下，在这块土地上生活的人们也饱受了战争之苦。

然而，刚刚降临世界的臧健和并不知道将要面临着什么，只是好奇地睁着自己美丽的大眼睛，看看陌生的环境，还有慈爱的看着自己的女人——给自己无限疼爱的妈妈。

臧健和很爱自己的妈妈，她觉得妈妈是世界上最漂亮的妈妈。妈妈有漂亮的眼睛，耐看的鼻子，精致的瓜子脸，生动的嘴巴，尤其是温和谦卑的神态更加给她增加了魅力。臧健和觉得只要有妈妈在身边，看到妈妈的笑容就是很幸福的。所以她尽力做一个懂事听话的孩子。

那时的她并不知道，她还应该有一个叫爸爸的男人。

爸爸是谁？她不知道。在臧健和成长的岁月里，对爸爸的概念总是很模糊。最初的几年，因为年龄小，她还是开开心心无忧无虑地和同龄的小朋友们一起捉迷藏、过家家，并不知道自己的真实处境，也不知道自己和其他小朋友有什么不同。

小小的她，经常看到自己年轻的妈妈，满脸忧伤。她不懂那么年轻、那么漂亮的妈妈为什么总是那么难过，总是以泪洗面。

臧健和从小就跟其他孩子不大一样，大人们都说她很早慧。因为她藏着一个心事，总想知道关于爸爸的事情。每逢大人们讲话的时候，臧健和总是默默站在一边，睁着一双美丽的大眼睛，悄悄听。

可是大人们讲话的时候，总是那么模糊，那么深奥。小小的臧健和不能理解。很多时候都不知道大人们在说些什么，但聪慧的她还是能从大人们的神情和语气中感觉到自己爸爸和其他小朋友爸爸的不同。

讲到爸爸的时候，他们总是很神秘，声音刻意压低，说一半留一半，似乎有什么深意。

5岁那年，她偷偷听到大人们在一起议论说自己的爸爸不在了。“不在了”是什么意思呢？小小的臧健和不明白。就是爸爸“在”的时候她也没见过啊，她对爸爸的印象一直都是模糊的。别的小朋友的爸爸总是带孩子出去玩耍，带好吃的，或是讲有趣的故事。可是，为什么自己的爸爸不肯见自己呢？还是孩子的臧健和觉得很委屈，难道是自己不够乖、不够漂亮吗？可是大人们都夸自己又漂亮又懂事啊。

臧健和心里满满的疑惑和委屈，可是也不敢去问妈妈。

后来的岁月里，她看到别的小朋友都有爸爸。终于心里的委屈和疑惑爆发，忍不住问妈妈：“爸爸去哪里了呢？为什么我从来没有见过爸爸？”

妈妈的眼睛顿时湿润了，她怜爱地看着女儿，轻声说：“你爸爸死了。”

臧健和看到妈妈流了泪，便很懂事地不再问了，也不敢再问了。

随着年龄的增长，臧健和还是从大人们掖着藏着的话语中知道了，自己的爸爸是海军军官，1948年去台湾了，离开了自己和妈妈，也许再也不会回来了，因为走的时侯，他带着一个女大学生一块儿走的。

说起臧健和父亲逃台之事，不能不联系当时的那段历史。

日本投降之后不久，蒋介石即发起了内战。随着战争的愈演愈烈，蒋介石为战场上的连连失利而焦头烂额。就在此时，屋漏偏逢连阴雨，国民党桂系白崇禧、李宗仁公开要求他下野，与共产党进行和平谈判。于是，蒋介石不得不采纳了历史地理学家出身的张其昀的建议，决定着手经营台湾，作为今后的退身之所。1948年12月29日，国民党行政院长孙科发布命令，正式任命蒋介石的亲信陈诚为台湾省政府主席。陈诚得令后，以惊人的效率于1949年1月5日即迁入台北主持政事。1月18日，蒋介石再任命陈诚兼台湾省警备区总司令；3月，再任命陈诚为国民党台湾省党部主委。这样，陈诚总揽了台湾的党、政、军大权，开始替蒋介石经营台湾。

1949年1月21日，蒋介石宣布下野，由李宗仁任代总统。下野后，蒋介石主要做了两件事：一是策划、指挥向台湾抢运金钱和物质，二是继续指挥国民党军队与解放军作最后的抵抗。

1949年1月10日，国民政府中央银行总裁俞鸿钧在其上海的办公室里接见了蒋经国。蒋经国拿出一封蒋介石的“手谕”，明令俞鸿钧尽快将全部库存的合计约5亿美元的黄金、白银和美钞运往台湾。这笔巨额财富背着代总统李宗仁，由海军舰只全部抢运到台湾。那时，人们经常看到每到黄昏时分，就有军舰停泊在靠近中央银行的黄浦江上，沿途是荷枪实弹的士兵，一个个大箱子从中央银行的大楼里抬出来，然后搬到军舰上，夜深人静后，军舰便悄悄离开码头，朝南开去。被抢运到台湾的还不只是金钱，在上海解放前的几个月里，蒋介石动用军舰将大批机器设备、布匹等物质向台湾转移，仅从上海一地就装走了1500多船。蒋介石还逼迫国民党资源委员会委员长孙越崎将一些重要的工厂拆迁运台，将珍藏在南京故宫博物院的原北京故宫所藏历代古玩字画精品，包括铜器、瓷器、玉器、字画等1424箱，图片画册1334箱，历史档案204箱，合计文物23万多件全部抢运到台湾，这些文物如今都存放在台北故宫博物院里。对于搬不走的或来不及搬走的水电站、发电厂等，蒋介石则命令统统炸毁。

除了金钱和物资，当然还有大批的军队，当时颇有头脸的军官，为了逃命，携带着全部财富，乘机逃到台湾。

身为国民党军官的臧健和的父亲当属其中的一员。与其他许多军官不同的是，他没有携妻女逃台，他携带的“家眷”是他的情人，一位女大学生。

正因如此，所以妈妈才会说爸爸死了，大人们才会说爸爸“不在了”。毕竟在那个年代，“台湾”这个词是何其敏感，敏感到一个孩子都知道爸爸去了不该去的地方，一个给她和妈妈带来耻辱的地方。

臧健和在上学时，中国正处于“唯成分论”时期。

1950年8月20日，政务院公布了《关于划分农村阶级成份的决定》，全国农村全部开始划成份。按规定，凡占有土地、自己不劳动而靠剥削为生的为地主。其主要剥削方式是收取地租、占有或租人土地、有比较优良的生产工具及活动资本，参加小部分劳动但主要以剥削雇佣劳动为生的为富农。占有或租人土地、有相当工具、直接从事劳动并以此为生的是中农。租人土地来耕作、有不完全工具、受地主剥削的是贫农。全无土地和工具、主要以出卖劳动力为生的是工人和雇农。《决定》规定：18岁以下的少年和在校青年学生，一般不划成份，只划分家庭出身；地主、富农在土改后服从法令，努力生产，没有反动行为连续5年与3年以上者，可按有关程序改划成份。

不仅是中国的农村，城市也是如此。

从1954年开始，中国共产党在城市中实行“社会主义改造”，将城市中的私营工商业按工作组的意见定价进行赎买，称为公私合营，每年付给业主一定的定息，然后将领取定息的人的阶级成份定为资本家，随时可以召开批斗资本家大会，将资本家扫地出门。长期以来，有这样让大家熟悉的话：“宁要社会主义的草，不要资本主义的苗。”

由于当时处于“新民主主义革命”阶段，民族资本家与地主不同，属于“人民”。有关资料宣称，中华人民共和国国旗的图案中，四颗小星代表工人、农民、民族资产阶级、小资产阶级。

1956年，“社会主义改造”阶段结束以后，中共政权开始将城市人口都定出各种不同的成份；具有阶级成份后，所有这个家庭的成员都具有特定的“家庭出身”。“家庭出身”指本人取得独立经济地位前家庭的阶级成份。

以下列出的是部分家庭出身的代码，在相当长的一段时期内，这个代码成为一代又一代人身上无形的印记——

01工人、02社员、03农民、04雇农、05贫农、10干部、11革命军人、12革命烈士、23资本家、28地主、31地主兼工商业、42旧军官、43旧军人、44旧官吏、99其他……

直到20世纪80年代，家庭出身成为每个人档案中必备的栏目，是求职、提升、入党时必须考虑的重要条件。

80年代中期以后，“阶级成份”或“家庭出身”栏目在调查统计报表中逐渐消失，但是在加入中国共产党及其附属政治团体时仍要填写家庭出身。

2005年10月，家庭出身代码（GB4765-84）被废止，自此，家庭出身、成份才成为一个名词和概念，融入苍茫的历史深处。

因为爸爸的问题，臧健和的“成份”不好，“出身不好”，因而处境也不好。作为台属，她们娘儿俩受到了政治上的排斥，亲戚朋友都远离她们。不过臧健和是一个很有人格魅力的女孩子，人缘很好。聪明热情随和，所以同学们很喜欢和她玩。尤其是女同学，很喜欢凑在她家里，听她讲故事，大家打打闹闹也很快乐。

虽然和同学关系不错，可有时候臧健和还是觉得自己和他们不一样。和同学们在一起玩，可还是有局外人的感觉。有时候被同学欺负了，臧健和不服气和他们打起来。妈妈会告诉她，别人是天，你是地，要学会忍。凡事忍让，不要处处计较。

对于这种说法，臧健和不大同意。为什么不一样呢？凭什么别人是天，自己就是地？为什么自己要忍？明明不是自己的错误。可妈妈还是告诉她，人家打你你就跑，人家骂你你就躲。

臧健和知道，妈妈是靠着“忍”字生活的。如果不忍，妈妈怎么生活得下去。“忍”字是妈妈的信仰，是妈妈做事及人生准则。然而，忍字头上一把刀啊，难怪妈妈整天以泪洗面呢。

臧健和不想像妈妈那样忍，她想过另一种生活。虽然听从了妈妈的话，但她的心里有自己的声音。这个声音就是“不公平”。每每有同学歧视她，她内心的倔强和不服输就会告诉自己，以后她一定改变这种情况，未来一定不会是这样。

爸爸去台湾了，抛弃了自己和妈妈，她们是受害者，凭什么就要承受这些呢？她虽然人小，但是心里却是敞亮的。凡事讲究道理，这样根本就是说不通的。她绝对不会像妈妈说的那样，别人是天，自己是地，自己就应该忍着。

孩提时候的臧健和因为家庭的原因，特别懂事。虽然不敢去问妈妈关于爸爸的事情，可是她一直想知道自己家庭的真相，想了解爸爸究竟是怎么样的人。所以她一次次听大人们聊天，虽然周围的人对爸爸的事情讳莫如深，可总有人会说真话。大家觉得她毕竟是个小孩子，听不懂大人们讲什么，可不知道她把这些都牢牢记在了心里。

当她得知爸爸去了台湾，并且当时还带着一个女学生时，臧健和很气愤。为什么要抛下她和妈妈？为什么还要带着一个女学生？妈妈那么漂亮，那么温柔，妈妈那么好。她觉得这样的爸爸无法原谅。后来，从大人们的口中，臧健和知道了爸爸和妈妈是家长包办的，他们之间根本没有爱情。爱情对于那时的臧健和是完全陌生的，但是知道事情真相的她仿佛对现实一下有了新的认识。她的妈妈那么美好，却是孤零零的一颗心，并没有人真的爱她，妈妈的处境很可怜。从那以后，臧健和好像陡然长大了，变得更加懂事了。她想，爸爸不爱妈妈，她更要加倍地爱妈妈，更要对妈妈好。虽然她不能挣钱，但是她可以做的事情也很多啊。洗衣服、扫地、做饭，虽然没有人教，但是她都可以做得很好，完全是无师自通。有时候连妈妈都惊讶：你这是哪里学来的呢？明明没有人教你啊。

臧健和的美貌和善良是继承了妈妈，可是她又具备妈妈性格中没有的倔强。她要走出另外一条路。有时候看到妈妈一味忍让，她的心中在呐喊：为什么要忍，为什么不能争取和别人平起平坐？暗暗地，臧健和确定了自己的人生坐标。

当世界将一切有遗忘，

我还在那个等你的地方，

一个人注视着天边，

一个人依然坚强。

当爱情的电影已经散场，

我一个人还在不断的回放，

即使眼角已经有泪珠发光，

一个人还是倔强。

只是想给你双翅膀，

只是想带着你飞翔，

为什么会有那么多的阻挠，

为什么会有无数的忧伤。

依然留在痛过的地方，

谱写着最后还没写完的乐章，

只是不知道找谁来唱，

泪水流去的方向，

是否就是你存在的地方……

这首诗虽然臧健和并不熟悉，但诠释的意境她并不陌生，甚至可以说，这也是她内心的写照。正因为这样的倔强和不服输，她才小小年纪时即有了自己的目标。

做饭的天赋

“天赋”，是上天赋予的意思，即天分，是一个玄而又玄的东西，看不见摸不着，但似乎又无时无处不在般的神奇。是天赋造就了一个又一个各行各业中的巨子，也正因天赋，让许多人以命该如此慨叹。也正因如此，人们千方百计地去寻找天赋，游戏中有一款叫《天赋模拟器》，试图在一个虚拟的世界里获得天赋；生活中有“天赋集中营”，力图训练人们具备某种天赋。

臧健和在做饭上特别有天赋。

她炒的菜特别的香，做的饭也有独特的味道。别人吃过一次，就能记住，这是臧健和做的。也有人说，她上辈子肯定是投身于资本家，所以这辈子特别爱吃，特别会吃。

或许正因这样的“天赋”，才使她成就了她的企业“码头”。

臧健和从小就是个心灵手巧的孩子。她从小就对面有很高的热情，见了面就特别兴奋。这也就为她以后建立自己的水饺王国奠定了技术基础。虽然妈妈看出臧健和在做面食上的天赋，可是在她眼里臧健和毕竟是个孩子，因此一些大活细活都不让她插手。尤其是蒸馒头、包饺子中的一些关键程序。虽然臧健和一再争取，告诉妈妈她也会，并且可以做得更好，但是妈妈还是没同意。毕竟在那个年代，吃饭成了人们生活的最大问题，一团面意味着什么妈妈比谁心里都清楚。把一团面交给她，万一做的不能吃，这会是多大的浪费，妈妈不敢冒这个险。

因此，妈妈只能一遍遍耐心安慰她说：等你长大了，就算是你不想学也肯定要教你的。你现在还小，做不了这个。现在要好好念书，这些活就让妈妈做吧。

虽然不乐意，但是臧健和也只能乖乖听话。

妈妈不在家的时候，臧健和总是有一种和面的冲动。她多么想挖一点儿面，自己试一试，过过瘾。可看到面盆里为数不多的面，她又不敢冒这个险。一旦妈妈做工回来看到了，一定会生气的。她不愿意惹妈妈生气，只好克制内心的渴望，小心地弄一点儿面在手里爱惜地看看，再小心翼翼地放回面盆里。默默告诉自己，再长大点儿就好了，等自己长大了就可以亲手给妈妈蒸馒头，让妈妈吃自己包的饺子了。

想到饺子，臧健和的心里就更痒了。第一次看到妈妈包饺子，臧健和就爱上了它。可是妈妈说她太小，不让她动手。她只好自己偷偷挖一块面团，小心翼翼地放在手心里，然后想象着包出各种花样。小船的，月亮的，笑脸的，各种各样。包好一个，端详一阵，然后毁掉再继续包别的花样。反正只有包一个水饺的面团，臧健和为了体验各种花样，只好包好了毁掉，然后继续包。各种各样的水饺，她都通过这小小的面团做了尝试。可她从不觉得累，相反心里美极了。妈妈只当她是小孩子好奇心重，贪玩而已，就没有在意。臧健和自己更没有往深处想。

爱因斯坦说：“我认为，对一切来说，只有热爱才是最好的教师，它远远超过责任感。”对此，莱辛也有同感：“好奇的目光常常可以看到比他所希望看到的东西更多。”毫无疑问，臧健和已经具备了这种好奇心和热爱。

步入婚姻围城

出生于60年代的那拨人，他们的爱情应该在80年代盛开，在他们的内心里，他们的爱情虽然单纯而美丽，却因为时代的原因而失去了很多浪漫，为此，他们不由深深地遗憾。

即使同在60年代，但10年里也会有变化。下面是爱情之花应该在上世纪20年代盛开的人的内心剖白——

爱是有所附丽的，历史巨变阶段的爱情更加矛盾而动荡。大家都很迷惑，不过还是爱上了。完美爱情的标准也发生了天翻地覆的变化。从前爱贫下中农和工人叔叔解放军的，现在把目光投向了大学生和诗人们还有海外华侨。那是个理想的年代，人从来没有那么激情澎湃地追求着精神和思想。只不过我们传统的烙印实在是太深，我们的教育不能让我们无所顾忌，于是我们羞羞答答地开始约会，逛公园看电影。话题从毛主席语录学习心得变成了中外文学的讨论。我们依然羞涩，说不出那个爱字；但是我们已经敢偷偷地伸出自己的手，握住另外一只手，壮着胆子走在街上。

在我们的年轻岁月里，我们眼里看到的完美爱情是这样的：

男的潇洒俊朗，女的温柔美丽。当时的偶像们是郭凯敏、王心刚、陈冲、张瑜，但是格外要求的是恋人的身高，一米七以下的男人被称为三等残废。压抑了那么久以后，那是个注重羽毛的年代。人要有大学文凭，最好还要有海外关系。我们开始穿着高领毛衣和西服外套谈恋爱。恋爱的时候我们谈文学谈诗歌，那时候北岛和舒婷总被我们挂在嘴边。两个人深深地相爱，虽然他们内向害羞，始终说不出那个字。在我们的教育里，爱这个字只是用在国家身上的，连电影《庐山恋》里，一对恋人也始终没有说出来，只是在结尾的时候高喊："I love my motherland."这是一种抒情的替换，60年代出生的情侣用各种方式在表达着自己，虽然现在看起来有些傻气幼稚，可是无疑是认真的又充满激情的。现在想起来，我们那时候天天都谈论些什么啊——人生价值、爱情真谛、理解万岁。我们眼里的完美爱情，就是找到一个可以去依赖去爱护去沟通的知音。那时候，我们喜欢刘慧芳，那时候，我们喜欢高仓健。

60年代出生的那拨人是严谨的一代人，他们对待爱情的态度是热烈的，又是严肃的，一如学院派风格的繁复。他们时刻拥有着一种责任感，无一例外地渴望着成就。这时候，一场完美的爱情，或许就是弗兰西丝卡的《廊桥遗梦》，爱得深沉馥郁却又隐忍而充满责任感，最终把一切深深地埋在心里，暗自回味。

相较于80年代的爱情，60年代的爱情呢？像臧健和一样出生于40年代、应该在60年代收获爱情的更年长的那拨人呢？他们的爱情是怎样的？留存于他们心中的幸福究竟是怎样一种样子？

20世纪60年代的爱情无疑打上了时代明显的烙印。

在那个政治挂帅的年代里，信仰和阶级成分成为婚姻的主导力量。这个时代的婚姻标签赫然写着“革命”二字，聚和散都是为了“革命”。相识是“为了一个共同的革命目标走到一起来”，结婚是为了更好地“斗私批修”、积极参加阶级斗争。经组织批准后，新人们可以去拍流行的结婚照了。

手握红宝书，心向红太阳，一脸浩然正气，是当时最标准的结婚照。再领一张写满语录的结婚证，办一场向毛主席鞠躬宣誓的婚礼，一对革命夫妻终于建立起一个革命家庭。离婚也是因为“革命”。

那个年代的离婚案，基本上无关性格感情，只关乎阶级成分。一句“划清界限”、“反戈一击”，使无数恩爱夫妻劳燕分飞。因为阶级立场据说可以通过血统继承，所以这样的场面是极其常见的：介绍人在约男女双方见面之前，要先领双方父母到派出所去查户口卡片，以凿实各自的家庭成分。乱世不谈爱情。即便是真心相爱，也要藏着掖着，因为爱情属于被批判的“小资产阶级情调”。红配红，黑找黑，也不乏主动或被动攀高枝的。

在价值观混乱的年代，婚姻的功能更多偏向了生存和稳定。这个时期的择偶排行榜上，根正苗红的军人高居榜首。

随着“文革”的爆发，政治信仰和阶级立场代替了男女爱情，由此带来了共和国历史上的第二次离婚潮，10年“文化大革命”时期，“划清界限”、“反戈一击”等原因而使成千上万对夫妻劳燕分飞，具体数字至今难以统计。到了文革后期，个人情感与资产阶级情调完全划上了等号，爱情本身也成了资产阶级世界观和人生观的代名词。大量有爱情内容的小说、电影、戏剧被当作毒草而遭到禁止，文艺舞台上，男女之间只有两种关系：阶级感情或阶级斗争，家庭是革命家庭，夫妻是革命夫妻。

爱情是人们一种本能的追求和向往，这不是政治倾向和上层建筑领域的革命和混乱所能扼杀和改变的。客观地说，虽然这一时期中国传统文化中许多美德被否定，但人们对爱情的态度普遍怀着一种朴素的坚守，加上意识形态对个人情感的强烈压制，就整个社会来说，在两性关系的态度上相当严肃和保守。这也是在性观念日益开放、坚守意识日益淡漠的今天，人们依然对并不美好的60年代深深怀念的原因。

因此，那个时代里，所谓爱情，就是婚姻；所谓恋爱，就是结婚。

因为家庭成份不大好，臧健和没有继续上学。虽然妈妈一直希望她能好好学习知识，但是在当时情况下，像臧健和这种情况的孩子是不能读大学的。

臧健和大了，情感问题也不可避免地来到了心中。周围的人也在不断地谈着“找对象”啊，“嫁人”啊，这些信息每天都向臧健和涌来。同龄的女孩子也都开始谈恋爱了，虽然那个时候谈恋爱一般都是很秘密的，大家都不声张。可是若是谁和谁好上了，立马就会有人知道，就会被传开，接着就被夸大，传得所有人都知道。

在臧健和情窦初开、渴望爱情的的20世纪60年代里，谁若是谈恋爱就是个大新闻，人们总是私下里议论，悄悄地评论。谈恋爱的人兴奋，没有谈恋爱的也跟着兴奋。

臧健和也到了该谈爱恋的年龄了，亲朋好友开始唠叨她赶紧找个好对象。臧健和恋爱有自己的想法，她觉得自己的恋爱不会是纯粹的爱情，更多的是和妈妈有关。她的恋爱一定要充分考虑妈妈，所以在找对象之前，她就已经看清了自己恋爱的方向。这个方向就是一定要改变妈妈的命运，能给妈妈带来幸福。如果不能这样，她宁可舍弃这样的爱情。

如果让现代已生出情窦的青年男女看来，臧健和的这种爱情“定位”太荒唐了，爱情是两个人的事情，与父母何干？这样的话，是难以幸福的。这种理解当然不无道理，事实也证明，臧健和以此定位获得的爱情是不幸福的，但这并不意味着，她那时的考虑是没有道理的。或许，臧健和的爱情观无意间与古尔内尔的“不谋而合”，古尔内尔说：“爱情的欢乐虽然是甜美无比，但只有在光荣与美德存在的地方才能生存。”

臧健和不是个任性的女孩子，也不会感情用事，她的理智与感情始终是在一起的。因为成长环境的问题，臧健和总是很有分寸，无论做什么事情她心里都有一个“度”，做事的时候也会按这个“度”行动。一件事做得好不好，他也是照着这个“度”来衡量。这也是大家所说的分寸感。

那时的臧健和年轻漂亮，每天化淡妆，穿着护士服，笑容明亮，一双大眼睛很漂亮，性格又好，热情、开朗、稳重、大方，所以臧健和身边一直不乏追求者，但是她从来不动心。面对异性的追求，臧健和总是从容、镇定，淡然拒绝。她总是能够处理得很好，从不伤害别人。臧健和在等，等着她命中注定的人，等着那个可以照顾自己一辈子，让自己和母亲过上好日子的人。

臧健和从小和母亲相依为命，父亲在她很小的时候就和别人跑到台湾，这是臧健和心里一直解不开的结。她想自己一定要找一个老实的男人。不用家世很好，长相很好，或者是别的什么，只要老实孝顺就可以了。母亲一生操劳，一定要找一个好男人，让母亲享享清福。

这是臧健和的心结，也是她的宿命。

终于，有一个人闯进了臧健和的生活，并在不知不觉间进入了她的心。

他是一个大学生，学的是物理专业，他对臧健和是一见钟情。臧健和对这个男青年印象也不错，戴着眼镜，衣着整洁，说话彬彬有礼。可是臧健和明白，这是一个普通的青年学生，正是需要花钱的阶段，完全没有能力给自己的家庭带来改变。如果她跟这个青年谈恋爱，那么等待着妈妈的将依旧是苦日子。可是她不能让妈妈再过苦日子了，妈妈辛苦操劳那么多年，一生就指望着她了，若是自己不能改变妈妈的命运，妈妈还能靠谁呢？妈妈这辈子就只能继续悲苦了。所以，当臧健和心里有了这个青年的身影时，她所感受到的不是兴奋和甜蜜，而是一种痛苦。明知道没有结果，却还是不由自主地痛苦。

妈妈知道这件事以后，告诉臧健和，找个好男人就行，不求富贵，不求相貌，只要能够对你好就可以了。

臧健和知道，在妈妈的心里，只要自己满意，自己高兴，妈妈就满意、高兴。妈妈不会阻拦她什么的，只会支持她。可是她自己不想也不能这样，她想把自己的婚姻和妈妈紧密相联，这是她一辈子的大事。俗话说：男怕入错行，女怕嫁错郎。臧健和深知妈妈这一辈子如此辛苦，就是因为没有嫁好。她告诉自己，一定不能再走妈妈的老路子。

这个男青年虽然让她心动，可是臧健和还是觉得要慎重考虑。毕竟在她们那个年代，恋爱是一件严肃的事情，那时，一切不以结婚为目的的恋爱，都是耍流氓。一旦确定了恋爱关系，差不多就算是迈入婚姻了，闹不好的话，人家就会说你生活作风不行，或者是玩弄感情。所以臧健和对待恋爱非常慎重，不敢轻易做决定。

可是执著的男青年不理解臧健和，面对她的举棋不定，他继续展开恋爱攻势，为臧健和写了许多情诗。看到这些情诗，臧健和感动不已。内心的激情让她想要答应这个人，她能感觉到自己的心，这颗心在深处发出自己的声音，这是爱的声音。可是理智又告诉她不可以，自己的婚姻一定要把妈妈考虑在内才可以。只有使妈妈过上好日子，她的情感才能真正满足。可是这个青年无法做到这一切，不能让妈妈摆脱悲苦的命运，这个不适合。所以，这样的感情即使再生动，她也绝不会接受。她只能一遍遍地告诉自己，忘记吧，忘记吧。

60年代的爱情啊，真的是既令人神往，又让人觉得可怕。

“我们都是来自五湖四海，为了一个共同的革命目标走到一起来了”，这是60年代人们聚会时比较通用的领袖语录，包括仅限男女二人的约会。

臧健和爱情的“革命目标”并不远大——为了母亲的喜悦和幸福。为了母亲，她愿意承受任何痛苦，为了母亲，她愿意舍弃任何东西，包括爱情。既然和这个大学生走到一起会给家庭带来负担，因此，这段爱情的结果，其实在刚开始的时候就已然确定了。

臧健和做到了，她忘记了他，因为她对妈妈的爱，内心深处对妈妈的责任感——为了母亲，她哪里顾得上心灵的呻吟和遍体鳞伤呢。

在臧健和内心里，只有当她的爱情和婚姻能够让妈妈过上好日子时，她才会开心，才会觉得满足和安心。否则，她的理智与感情都不会答应。她拒绝了那个男青年，她做到了那个年龄的女孩子很难做到的事情。

她就是这么坚强，她的理智就是这么强大，她的感情就是这么深沉。

这种性格用在爱情上是一种残忍，用在事业上则是一种执著。

终于，臧健和找到了适合自己的那个男人。他姓黄，是泰籍华人，大学毕业，为人忠厚老实。

1967年，他是因为爱国而一个人偷偷离开泰国的家，历经艰辛才来到中国，以援华医学人员的身份来到青岛医院的。他们在工作接触中，臧健和渐渐倾慕于他严谨的治学、随和的态度，而他也被臧健和的温柔、细心、懂事吸引。

两颗心很快碰撞出了令人眩目的火花。

臧健和的女友也曾劝说过她，华侨，靠得住吗？况且一直在国外，思想会不会有很大差距？但是臧健和有自己的想法。

因为臧健和找对象一直是在妈妈身上打圈子，她觉得黄医生的条件符合她的要求：对方没有什么复杂的家族关系，也没有家庭负担，因为他一个人在中国，进臧健和的家也顺理成章。刚好臧健和家里没有男人，如果找一个土生土长的中国丈夫，让人家来到女方家里做“倒插门”女婿，大多数男人是不愿意的。但黄医生就不存在这个问题了，以后臧健和的家就是他的家，臧健和的妈妈就是他的妈妈。

此时，随着年龄的增长，臧健和的择偶标准也渐渐清晰起来：能够和自己一起照顾母亲，大学毕业，生活条件还可以。刚好黄医生的条件就符合，而且妈妈身体不好，找个医生还可以为妈妈治病。妈妈一生没有儿子，如果有这样一个女婿，就等于妈妈有了一个儿子，晚年也就有依靠了。

回想起最初见到黄医生时，他的个头并不高，长相也一般。

并不是女孩子心目中的“白马王子”类型。但是看上去却是很老实、诚恳的。臧健和在婚姻上，是很现实的一个人。虽然天生丽质，但是她从来不幻想那种灰姑娘和白马王子的美好婚姻，如果只顾着自己的恋爱就无法照顾妈妈了。所以，初见黄医生虽然有点儿吃惊，但是随着交往越来越多，慢慢熟悉起来也发现了黄医生的很多优点。两人的感情也在交往中不断增长。

她觉得黄医生不仅老实诚恳，待人热情，心地也很好。臧健和是一个很看重品行的人，她觉得一个善良的人，是很值得爱的。而且一个善良的人，必然不会对妈妈不好。

想到这里，臧健和心里打定了主意。告诉妈妈以后，妈妈说：“条件还是挺合适的，可是人怎么样呢？你喜欢他吗？结婚可是一辈子的事情，你得找一个自己满意的人。这样的一生才算是美满。条件合适并不能说明什么，人适合才是最重要的。”

可是臧健和心里已经认定了，她觉得人长得怎么样是次要的，只要人好，老实，能够照顾妈妈，这就是好的。现在她终于碰到这么一个人，就没有理由放弃。她仿佛看到了，属于自己的婚姻在不远处向她招手……

臧健和把黄医生带回家吃了顿饭，其实也是让妈妈相一下未来女婿。黄医生走后，妈妈便对臧健和说：“这个人行，妈妈也觉得他比较可靠。为人一世，要的就是一个实诚，和这样的人在一起，心里踏实。”

人们常说，女人是船，男人是码头。有了码头就有了靠岸的感觉。臧健和的妈妈一生没有依靠，所以她很希望女儿能有一个好的依靠。

臧健和见到妈妈也同意，心里便觉得很欣慰。很快他们便确立了关系，在那个年代的中国，确立关系就相当于订婚了，两个人朝着婚姻的方向发展。

很快他们决定结婚了。臧健和的母亲看到女儿就要结婚了很开心，为终于有人照顾女儿了而开心。结婚那天她抱着臧健和，孩子似的哭个不停。臧健和的母亲一直觉得对不起自己的女儿，让女儿在没有父爱的情况下成长，经历比同龄孩子太多的苦难。现在女儿终于结婚了，有人照顾她了，心里的大石头顿时放下了，激动的眼泪哗哗地往下掉，止都止不住。

结婚以后，臧健和对家的感觉体会更深了。丈夫对家里的一切都认真地料理，而且对妈妈极好，照顾很是周到细心。妈妈的生活有了很大的改观。因为丈夫是医生，妈妈生了病，丈夫可以为她医治，这是臧健和结婚前就期望的。没想到的是，她为妈妈找到了一个难得的好女婿。妈妈咳了痰，女婿为她端痰盂；甚至女婿还给她端过尿盆。都说一个女婿半个儿，很多时候这个女婿相当于整个儿。妈妈很高兴，邻居也说臧健和找一个好女婿。家里有什么事了，丈夫都会来征求臧健和的意见。臧健和仿佛是他的主心骨和行动指南。臧健和是一个有主见的人，丈夫凡事也都愿意听她的。

虽然丈夫对臧健和可谓是百依百顺，老实厚道。但是在臧健和的心里，还是觉得丈夫才是家里的顶梁柱，是一家之主。因为有了丈夫，这个家才更像家了。

结婚使家庭生活走上了正轨。丈夫是医生，在社会上受人尊重。臧健和是护士，也是女人们羡慕的好职业。夫妻二人白天出去工作，妈妈在家里料理家务。但是下班以后，臧健和就会把家务承担下来，尤其是做饭，她都抢着做。臧健和很喜欢做饭，她说每次做饭，感觉就像是在创造什么。心里充满了创造的愉悦。她做的饭确实好吃，大家品尝以后都会不由得称赞。

她每天都开心地工作，回家又开心地做家务。臧健和从小就勤快，现在结婚了，她料理家务的心更勤了。她觉得，成家了就应该做一个好的家庭主妇。对丈夫做个好妻子，对妈妈，做个好女儿。对子女，一定要做个好妈妈。这就是她的目标和方向。

成家了，臧健和觉得自己的人生丰满了，人生的内容也充实了。她想，家的感觉就是这样幸福和美好的。她喜欢着自己的家，爱着自己的家。她一定要把这个家经营得更加美好！

结婚以后的那段日子，是臧健和一生最幸福快乐的日了。她本就不是有什么野心的女人，有个疼自己的丈夫，有个幸福的家，她就觉得很满意了。虽然这样的日子有些平淡，但平淡中洋溢着欢乐和幸福。

家庭为臧健和带来了无穷的幸福和快乐。

这个家是一个女人和一个男人组成的，当她觉得累的时候，总希望有一个地方可以放松一下，总希望有个人能在那个地方守候着她。现在她有了这样的地方，这就是家！家，意味着只身在外，无论怎样苦怎样累，无论受了多少委屈，倦了，累了，就朝那两扇门走去，走进去就是甜蜜的港湾。一想到家里有两扇门一直为她开着，臧健和的心便是踏实的。

这个家是由爱形成的，有爱才有家，因此，它是温暖的，温馨的，温情的。只要爱不变，家就不会变，日子最大的幸福来自家庭。

还有母亲，自己成了家以后，母亲脸上的笑容明显增加了，这更让臧健和感到欣慰和幸福。

结婚一年以后，女儿出生了，取名叫蓓蓓。臧健和看着自己的女儿，她也有一双漂亮的大眼睛，这都是来自于自己的妈妈，为了孩子辛苦操劳的妈妈，顿时百感交集。现在自己也做母亲了，才深深地体会到一个母亲的心。母亲为了她经历了多少艰难困苦，一路走来再多辛苦都是一个人扛着，没有丈夫的陪伴。自己也是在没有爸爸关心、照顾下长大的，想到这里她的眼睛不由得湿润了。可是想到自己的女儿以后都会有爸爸妈妈的照顾和陪伴，她红红的小脸每天都会有爸爸妈妈欣赏和抚爱，那将是多么幸福啊。丈夫对女儿是那么疼爱，这份爱给了臧健和很大的欣慰。无论是生孩子，还是坐月子，丈夫都无微不至地爱护她照顾她，为她做好吃好喝的，精神上也给了她很大的鼓励和安慰。她在心里默默地说，有丈夫在身边真好。

的确，丈夫是一个很好的男人。为人老实、厚道，虽然不是很有主见，缺少男子汉的凌厉与洒脱，可是他很细心，懂得照顾人，对自己好，对妈妈好，这对臧健和来说已经足够了。妈妈一生辛苦，现在有了这个女婿，可以顶起这个家，妈妈就能轻松很多，这就是臧健和最大的安慰。当丈夫慈爱地看着女儿时，臧健和觉得心里很踏实。她想，以后自己的后半生就有依靠了，妈妈也有依靠了。

一个女人，只要有了依靠，她就有了主心骨，尤其是生了孩子的女人。孩子的出世，意味着这个家庭已经完整和圆满了，这个家庭也将被责任牵住。为了下一代，每一个父母都会努力，都会为孩子能过上好的生活，为孩子营造出好的环境和条件奋斗。看着丈夫是那么的疼孩子，她的心里就有底了。

母子关系如同恋爱一样，孩子是追求者，母亲是被爱者，只要母亲能够主动一点儿，那么母子感情便很容易建立，孩子对母亲的依恋在某种程度上来说是孩子发出，母亲回应的，刚出生的婴儿就能对母亲表示出不同的反应，开始还不甚明显，对谁都会笑、都会哭，都会发出声音，但几个月以后，这种区别就会越来越明显，别人抱他他就哭，而母亲抱他就会立即停下不哭，看到母亲离去就会哭着用声音去追，听到母亲的声音就会微笑，看到母亲的面孔就会发出欢迎和高兴的声音。

有了孩子，使臧健和"身陷"无比甜蜜之中，不能自拔。她想，人生之幸福，大概在于此吧。

甜蜜的同时，她不由得想起爸爸和妈妈的感情来，但同时，她也有足够的自信。她想，她不会走妈妈的路，不会像妈妈那样一个人把孩子抚养长大，她的丈夫也不会像爸爸那样离妻子和孩子而去。尤其是蓓蓓的出生，使臧健和的婚姻锦上添花。

虽然有了女儿，但臧健和对妈妈却更加关心和孝顺。那个年代，食品供应紧张，鸡蛋就是最好的营养品。大家都是凭票购买，每家的鸡蛋都是有数的。每天早上，臧健和总是煮两个鸡蛋，一个给女儿，一个给母亲。虽然女儿是自己的掌上明珠，是她的心头肉，但在她的意识中，母亲都是排在第一位的。如果家里只有一个鸡蛋，她一定会毫不犹豫地将这仅有的鸡蛋给母亲吃。丈夫对臧健和做法从没有意见，他一向尊重臧健和的决定。家里因为有了一个活泼可爱的小生命，而变得异常幸福和温暖。有了孩子以后，家里更加热闹了，臧健和与丈夫的感情也更稳固了。臧健和的母亲每天都带着蓓蓓玩，看着这一老一小开心的样子，臧健和的心里也是暖暖的。蓓蓓是家中的小宝贝儿，外婆看不够，爸爸看不够，臧健和更看不够。

婚后的臧健和，家庭其乐融融，夫妻恩爱，丈夫的职业也好，自己又能干，妈妈帮忙带孩子，她不用操很多心。同伴们都说臧健和是个有福气的人，都很羡慕她。其实臧健和的长相确实是中国传统社会所说的“福相”，她不仅漂亮，气质也很好，长了一副“福态”样。臧健和是又漂亮又有福相的女人，无论谁和她在一起，都能感觉到一种喜气、祥和，让人很舒服。

有了家庭以后，臧健和的生活也渐渐变好，她是一个善良的女人，很乐于助人。能接济同伴们的，她总是尽量接济，能帮忙的也尽量帮忙。虽然可能只是一口粮食一碗米饭，可这在那时就是最大的帮助。得到臧健和帮助的人多了，大家对她也总是赞不绝口。家庭幸福，邻里和睦，大家都尊敬和爱戴，作为一个女人还有什么不满足的呢？

在蓓蓓四岁的时候，臧健和又生了一个女儿，取名蓬蓬。

女儿出生后三天，因为不放心家里的母亲，臧健和就从医院回家了。回家以后，却没有看到母亲。丈夫告诉她，母亲因为气管炎复发被送进了医院。臧健和一听就急了，也不顾自己刚刚生完孩子，身体还很虚弱，换好衣服立刻就往医院跑。虽然丈夫一再阻止，告诉她，你现在身体还很虚弱，不能再折腾了，况且孩子刚出生三天，你走了孩子怎么办？你不要命了吗？不要孩子了吗？

这些话，她根本听不进去，大声吼道："孩子我可以再生，但是妈妈我只有一个！我必须去！"

现在经常有人说，等我有钱了，我要大把大把地塞给咱爸咱妈，让老人家坐在钱堆上随便花；等我有时间了，带着咱爸咱妈，游完国内，游国外，让咱爸咱妈在有生之年潇洒个痛快！但是，等你把钱挣到手了，爸妈的牙还能啃得动青苞米吗？等你有时间了，想带着爸妈去周游世界，他们还能上得去飞机吗？等你有……爸妈还……当我们静下心来好好地想一想时，对爸妈的孝心，其实不就是在我们平时的"滋润"中完成的吗？

父亲节的时候，你给爸买条鱼，工作再忙，你也要亲自给送去啊，爸会乐得嘴都合不上的；母亲节的时候，你给妈买一双袜子，亲自给妈穿上，她眼睛里也会含着泪的。天下第一情是父母之情啊，因为爸妈太容易满足了！就是爸妈真的有一天要乘鹤西去了，我们流的眼泪里也没有遗憾可言了！《常回家看看》让我们再听一遍吧，那就是爸妈对我们温暖的渴求啊。其实，对爸妈的孝心，我们这样去做了一点儿也不难，你说是吧？

中国的古语也有“树欲静而风不止，子欲养而亲不待”，而臧健和，以其近乎让人难以理解的孝顺行为诠释了“孝”的思想。

臧健和的丈夫拿她没办法，只好由着她。到了医院，臧健和看到妈妈因为生病，憋得喘不上气，难过得直掉眼泪。又是给妈妈端痰盂，又是倒水吃药的。看着妈妈，她才安心。就这样一直守了一天一夜，因为在医院没法给女儿喂奶，奶水不停地往外流，便只好把奶水泵回去。她陪着妈妈，直到她转危为安。

回到家，蓬蓬已经不吃她的奶水了。因为在她不在的几天里，女儿在家都喝牛奶，喝粥，现在只认奶瓶不认她了。无奈之下，她只好用自己的奶水喂一个好姐妹的孩子。

蓬蓬出生以后，家里可谓人丁兴旺。蓬蓬出生的时候，蓓蓓刚好是会玩的年龄，一个人就能把整个房间带出一片笑声。蓬蓬哭的时候，蓓蓓可能正开心，蓬蓬在床上盯着天花板玩手时，蓓蓓已经学会和姥姥捉迷藏了。这个“家”字被两个女儿演绎得非常生动，这个家也因为两个女儿，每个人都在忙活，也因为两个女儿，充满了欢声笑语。

女儿们给家里带来了活力和欢乐，虽然她们还小，可是个个都活泼机灵，她们那天真的目光就是大人们的开心果。臧健和每次下班回家，看到可爱的女儿们，就好像是看到了灿烂的未来，心里也是温暖的，满足的。

丈夫回到家，也总是看看小的，逗逗大的，哄她们开心，从不厌烦，乐此不疲。因为有两个孩子，家里琐碎的活儿好像总是做不完。可是丈夫从不发火，依然像结婚时那样，老实厚道，为家庭尽心尽力。

臧健和又一次觉得自己很幸福，觉得自己的丈夫找对了。臧健和的母亲当了两个孩子的姥姥，要照顾她们两个调皮鬼，辛苦自然不在话下。可越是辛苦，她就越是觉得高兴。蓓蓓和蓬蓬都很喜欢姥姥，喜欢和姥姥玩。因为姥姥宠她们，妈妈总是很严厉，所以她们很怕妈妈。每次妈妈下班回家，她们都躲到姥姥房间里。

臧健和看到母亲对女儿们的宠爱，怕她把两个女儿宠坏了，所以更要扮黑脸。看着孩子们眼里都是对姥姥的依恋，臧健和心里是百味丛生。妈妈独立将她抚养长大，现在又要替自己带两个女儿，这让臧健和心里充满了对母亲的感激和内疚。

众所周知，维系婚姻关系的情感因素是至关重要的，这种情感因素很容易让人想到是爱情，其实，并非如此。实际上，爱情不是维系婚姻关系的情感因素，而是亲情。因为在不少人的眼里，爱情仅是一种热烈但同时是脆弱的、不确定的情绪。

在婚姻的维系中，亲人们之间的体谅、呵护和忍让、无微不至的关怀，不是爱情，而是亲情。

爱情基于两个人的差异而产生，随着相处和差异的减少而消亡；亲情基于两个人的无差异而存续，随着差异的完全消失而巩固。

所以，因为与众不同使人产生激动，这是爱情，但正是因为不同，所以不能生活在一起；反之，两个不能来电的男女，往往是因为没有差异，能够成为最佳的婚姻伴侣。

有两组实验数据很有意思。一组数据是，由父母包办婚姻形成的婚姻状态比自由恋爱形成的婚姻状态要稳定得多。这是纵向比较得出的结果。

还有一组数据，一种是当事人是老夫少妻的婚姻状态，一种当事人是同龄人的婚姻状态，前者比后者稳定。当然，少夫老妻的婚姻状态是最不稳定的。

前一组实验数据不用过多解释和分析，道理很简单，证明稳定婚姻的情感因素是亲情而不是爱情。

后一组实验数据值得研究。

按理说，老夫少妻之间的共同点是不多的。更主要的差异是在性爱方面的。随着男子的日益衰老，性能力每况愈下；而女方随着年龄增长，性欲越来越强。婚姻怎么能幸福呢？

有一种理论认为，女方在婚姻关系形成之前，已经对此有充分的思想准备，而她对男方的尊敬热爱之情已经足以克服以后出现的不和谐。而同龄人则不同，虽然都充满热情，共同组成家庭，但女方很少对男方报有尊敬热爱之情的，而是横挑鼻子竖挑眼的多，婚姻生活中堆积的就是女方对男方的不满和失望，婚姻状态难以稳定。

按照这种理论，决定婚姻状态能否稳定的是女方的心理状态。对男方有臣服心理的，往往婚姻稳定；反过来，女方不臣服于男方，甚至在心理上优越于男方，婚姻往往是短命的。

这个观点再一次证明妇女在婚姻变革中的巨大作用。与此前几十年相比，婚姻状态的不稳定化，妇女自我意识的觉醒是主要的推动力，而在具体个案中，妇女力量在家庭中的强大促使婚姻短命，也越来越成为普遍的现象。

日子一天天过去，蓓蓓和蓬蓬也一天天地长大。生活好像没有什么太大的变化，依然按着它的轨迹向前走。老实巴交的丈夫，不会挑三拣四，人虽然有点儿懦弱，不太有主见，很多事情都听自己的，但是也有很多的善良。感情虽然没有轰轰烈烈，但是平淡中见真情。过日子，要的就是这样。只有这样的日子，才让人心安，让人觉得踏实。

臧健和与丈夫的关系也越来越稳固，他们已经有两个女儿了，仿佛是生活在一起很多年的老夫妻了。虽然他们在一起生活并没有很多年，但是却有一种不可分离的天长地久的感觉。孩子是他们美好感情的见证，也是他们幸福生活的见证。虽然他们的生活很平淡，虽然没有什么轰轰烈烈的经历，但是他们都在踏踏实实地过日子。对臧健和来说，这是最重要的。这比轰轰烈烈更有价值，更让人忍不住去珍惜。臧健和喜欢这种平淡而真实的生活。放眼看看未来那长长的路，如果这样一天一天地过下去，也是蛮好的。

第二章　情殇泰国

冥冥之中劳燕飞

如果那一晚的篝火/暖过当时你身旁的我/那么跳动的火光/是不是为我们来的/此刻借着我的手/抹去你孩子般的哀愁/无论你给我什么/我都愿意感受/不管我曾是谁的/走了好久/与你相遇在某个巷口/所有蹉跎的等候/找到了理由/只要我能心疼着你/我还在乎谁/眼底勇气的不悔/只因恋人的眼泪/让我永远心疼着你/我可以找回遗落在一段路上/美好短暂的体会……

这段歌词堪称热恋中的男女和已经进入婚姻围城中的夫妻的心声。但对于臧健和而言，这心声似乎更强烈，因为，结婚不久之后，她便发现，这幸福与她产生了距离……

回想起结婚前的场景，臧健和发觉好像冥冥中注定自己会走上妈妈的道路。记得当时妈妈特地为臧健和结婚择定了吉日，妈妈说："找个好日子，晴空万里，顺顺当当地结婚，以后就会一顺百顺。如果选了好日子，天却下雨了，那这婚姻肯定不好。"

臧健和知道妈妈心中的伤，因为她结婚那天就是个下雨天，所以妈妈特别忌讳下雨天结婚，总觉得这样的婚姻就不会幸福美满。臧健和虽然也听人说过类似的话，若是下雨结婚，婚姻就会不顺。当时她觉得这些是封建迷信，但妈妈也这样说她也就半信半疑，不过并没有真的往心里去。

关于结婚当天下雨是否吉利的话题，且莫怪父辈、祖辈人的迷信，即使是现在的年轻人也见仁见智。

有人认为，婚礼当天下雨是吉祥的象征，因为代表上天替新娘哭了，新娘这一辈子都不哭。

也有人认为，现在有些时尚新人反而推荐进行雨中结婚，因为这样可以渲染一种朦胧浪漫的气氛和文静的氛围，不会导致婚礼太疯狂，秩序混乱等现象发生；其次，雨中结婚，天气比较凉爽。另外，追求个性的新人还特意为自己拍雨中婚纱照，色彩鲜艳的雨伞，在新娘白色婚纱的映衬下让婚纱照更加与众不同，所以新人大可不必为结婚下雨而苦恼。

然而，对于几十年前的臧健和而言，当然没有这些浪漫和开放的想法。

好日子终于找到了。臧健和妈妈翻着黄历开心地对女儿说："这天好，这一天方方面面都吉祥，就定这一天吧。"

妈妈的要求臧健和自然不会拒绝，在她看来妈妈是迷信，但是只要妈妈开心，迷信就迷信吧。只要妈妈心里踏实，她当然就高兴了。于是她的婚礼就定在了妈妈选的这一天。那个年代，结婚总是很简单的。不像现在要穿婚纱，拍婚纱照，摆很多桌酒席。那时只是搞一个象征性的仪式，请亲戚朋友过来，大家在一起吃吃饭，闹一闹，就算是结婚了。

那是1968年8月，黄历上一个最吉利的日子。臧健和要结婚了，这是她人生中最重要的一步，也是一个女人一生中最辉煌的时刻。女人的一生都在“嫁”这一关定以后的命运，若是这一关闯得好，以后的生活就会幸福美满；若是闯得不好，未来就会和苦难紧密相连。然而在这一天，这个大好的日子里，天竟然下雨了。虽然雨下得很大，可还是来了很多凑热闹的人，大家都想看看臧家漂亮的姑娘嫁了一个什么样的人。来道喜的人看到臧健和都说新娘真是落落大方，语言举止都很得体，透露出内在的气质。可是有些人看到新郎以后不经意地表现出吃惊的表情，然后摇头，觉得他们并不般配。对于这点以及当时下雨，臧健和心里隐隐有种不妙的感觉。可是她是个明事理的人，所以并没有将这些透露半分。

左邻右舍冒着雨来，冒着雨去，看到的新郎却和想象中的相差很多，心中觉得不是什么滋味。臧健和看着外面哗哗啦啦的雨，阴霾的天，心里也有一种说不出的情绪。现在看来，这个结婚的日子似乎就已经预兆臧健和的婚姻会经历风雨，经历艰难坎坷。

臧健和的大脑里偶尔会想起自己第一次和丈夫见面的场景，想起刚和丈夫相识的时候。那时，她对丈夫完全不了解，有关丈夫的一切有的是从别人嘴里听说的，有的是丈夫自己说的。丈夫是爱国华侨，是家里的独子，一个人偷偷来到中国，因为家里人知道肯定不会同意他一个人过来，所以他只有偷渡过来。虽然他家境不错，但是对祖国的热爱和神往让他抛弃了拥有的一切优越条件，凭着激情和一腔爱国之心，他只身来到中国。因为当时中泰是没有联系的，所以当时的他就相当于和家里断绝了关系。后来是臧健和重新给了他家庭，给了他温暖。可是臧健和没想到，丈夫会和那个遥远的家再重新扯上关系，也从没想过有一天丈夫会从她的家中离开。可是世间很多变化，都是人无法掌握和左右的。

丈夫当年一腔热血来到中国，他想在中国这块热土上实现自己的人生价值，为祖国做出自己的贡献。然而时光荏苒，时过境迁，他已经从一位热血青年变成了拥有两个孩子的父亲。中泰两国的关系也解冻了。时间是很强大的武器，它可以改变很多东西。在不知不觉中，很多东西已经不再是当时的模样。同样，臧健和苦心经营的家，也随着时间的推移，发生了变化。当初的那个家已经不再是只有臧健和、两个女儿、妈妈还有丈夫的家了。她有婆婆和公公了，以及婆婆公公背后的一个大家族。之前她和妈妈一直孤零零地生活在青岛，母女二人相依为命，现在突然有一个很大的背景了，这是她没有想到的。

泰国的婆婆来了，带着棉花、布料，吃的用的，还有家用电器——那时候中国人不曾拥有的电器。邻居们都过来了，争相观看，啧啧称赞。在那个年代，人们的物质生活普遍匮乏，臧健和却突然冒出了一个外国婆家，还给她带来那么多吃的用的，使本来家庭条件一般的臧健和一下子比别家超出一大截，人们对她的“福气”评价进一步得到了确认。大家都说，看看，臧健和就是有福气啊，半空掉下来这么一个有钱婆家，等于天上掉馅饼。婆婆带来的棉花、丝绸、衣料、缝纫机等等，都让大家很羡慕，也由于这些东西，臧健和家比普通家庭好了很多。别人家没有的东西，她家都有。

臧健和从没想过，她和妈妈低调做人这么多年，会因为婆婆的到来突然变成大家羡慕的目标。妈妈一直告诉她，要夹着尾巴做人，这样才会安稳。这就是命运的力量，臧健和突然就变成了邻里们的新闻话题。

除了生活富足了很多，臧健和的生活好像并没有变化。丈夫依然老实厚道，对家庭、臧健和、孩子、岳母依然很好。但是因为跟家里突然又联系上，未来变得不确定起来。回不回泰国，这是他心里很大的矛盾，也是臧健和心中的结。作为家里的独子，回泰国似乎是他的命运，也是他的责任。可是他在青岛也有了家庭，有了妻子和女儿，若是抛弃妻女一个人回去，他作为丈夫和父亲的责任就无法承担了。如果都回去的话，也很难办到。因此，回不回去，这是他潜意识里的一个很难选择的问题。

大家都在议论这件事情，臧健和心里心里也默默地计算起来。

臧健和的婆婆家是丝绸商，在泰国是比较富裕的，而且也比较传统，恪守传统道德和礼仪。丈夫是家里的独子，在父母心目中的位置可想而知。当婆婆跋山涉水来到青岛看望儿子还有未曾谋面的儿媳，本是满心欢喜，可在臧健和的家里先看到的是破旧的房子，简陋的家具。婆婆的脸色变了，看着儿子，心疼、难过的泪水在脸上流淌。从未吃过苦的儿子，现在却沦落到这个地步，这让她无法接受。于是她开始为儿子动心思了，她不能让儿子一直待在这样的地方。这是一个做母亲的心，天下母亲都拥有一颗这样的心。

臧健和是一个聪慧知礼的女人，虽然她从来没想过这个问题，可是她知道丈夫的离开是意料中的事情。臧健和知道婆婆的心理，婆婆既然找到了自己的儿子，当然希望儿子回到她身边，一起回泰国。可是她们不可能也去泰国。就算是以后能去，那也得等一些年月。已经有两个女儿的臧健和倘若丈夫离开，一个人撑着这个家，将来肯定是很困难的。她心中的忧虑，无法向人诉说。

婆婆终于在1974年将儿子接回泰国定居。婆婆还借口家里缺钱等事由，未能替她和女儿们办理手续前往泰国。

最终，丈夫还是回了泰国。他让臧健和和女儿们等着自己，他会尽快办好出国手续，然后接她们母女回家，回泰国的家。知礼、善良的臧健和选择支持丈夫的决定，这个决定的结果就是漫长无尽的等待。

1974年丈夫回泰国的那段时光，别人很少知道臧健和是怎样过的，她也从不对别人说。其实在那段时间，臧健和的心里很苦，可是她不想让妈妈知道，也不愿意别人去分担。刚感受到幸福，突然就要失去，心里的痛苦是可想而知的。丈夫不在身边了，家里的顶梁柱没了，未来的路充满了不确定，以后是留在青岛还是去泰国，这些不确定的东西都纠缠着臧健和的心。可是她又不想让妈妈承担，妈妈已经够辛苦了，这些事情只能自己扛。

每逢亲朋好友问她这些问题，她都是轻描淡写地说，没事的，走一步看一步吧，以后的事情谁能说得准呢？船到桥头自然直。脸上都是平静和淡然。没人知道她心里的苦。一个女人，没有丈夫在身边，独立支撑一个家，生活中的各种琐碎事情都需要操持，其中的辛苦是无法想象的。两个女儿还小，正是需要大人抚爱和照料的时候，以前还有爸爸和她们一起玩，可是爸爸突然不见了，两个女儿总是哭着找爸爸。可臧健和又不知道怎么告诉她们，爸爸去了很远的地方，不知道什么时候回来。

虽然妈妈竭力帮着臧健和，但毕竟是年龄大了，身体也不太好，没法替她分担很多。更何况臧健和心里的苦，别人也没有办法分担。孝顺的臧健和也不想让妈妈分担。朋友们看着臧健和的丈夫回了泰国，都以为臧健和很快也会去的。可是一天天过去了，一点儿消息也没有。每每问及臧健和，她都乐观地告诉朋友，别担心。她愿意把自己的乐观给别人，因为这个担子只有自己来担。她不想麻烦别人。

丈夫离开以后，她比结婚之前更忙碌了。工作一天也不能耽误，而且还要做到最好。臧健和是个要强的女人，凡是要么不做，要么就做到最好。只有尽力了，她才会觉得踏实。家里的两个女儿和妈妈，衣食住行一切所需都要她来操持。她需要顶起家里的一片天，她一旦倒下，这个天就塌了，所以再苦再累，她也得撑着。而且要微笑地乐观地撑着，只有自己微笑着，妈妈才能微笑着，女儿们才能微笑着。如果自己都打不起精神，全家人就垮了。她是家里的精神支柱，是家里人的榜样，她必须坚强起来！

万里寻夫，却梦断泰国

这是1977年11月的香港，这对臧健和来说是生命中特殊的时间，是臧健和人生道路一个重要的分界线，她一辈子都无法忘记。

走在香港繁华的街道上，周围是热闹的人群，可是臧健和的心却是冷的。她的脑子里不断闪现着泰国的片段。她带着一双女儿，不远万里去泰国，以为能跟丈夫团聚了。她的内心是那么激动，全家终于可以在一起了，女儿们终于可以见到想念已久的爸爸了。

她让女儿们换上了过年才舍得穿的衣服，给她们梳了漂亮的发型，满怀期望地等丈夫来接她们。因为丈夫在信中说，会去青岛接她们。

可是后来又改到上海到深圳到香港，一点一点南移。臧健和激动的心也一点一点地冷却。

想到陌生的泰国，想到要离开自己出生长大的地方，离开自己的母亲，她的心里很不好受。可是谁让她找个泰国华侨呢？谁让她的丈夫三年前要回泰国呢？丈夫告诉她说，会想办法尽快接她们过去，让她和女儿们耐心地等待。臧健和是个通情达理的女人，丈夫是家里的独子，婆婆让他回泰国的要求也是合情合理的。丈夫的选择也是征得了她同意的。不舍有什么办法呢，虽然心里空空的，但温柔贤惠的臧健和还是尊重丈夫的选择，含泪送他离开。留给她的是无尽的等待，等待。

大仲马说：“人类的一切智慧是包含在这四个字里面的：‘等待’和‘希望’。”对于臧健和也是如此，她之所以恪守于无尽的等待之中，就是缘于等待背后的希望，这希望便是与丈夫的团聚。

英国作家王尔德说：“一旦你确实需要爱，你就会发现它正在等待着你。”臧健和深知爱情与婚姻对于她、两个女儿和母亲的重要性，所以，她才会沉下心去，捱着日月。

有时候生活就是无奈，总是要做一些自己不愿意做的事情。每个人结婚的时候都抱有美好的幻想，都盼望自己的结局是美好的，幸福的，和谐的。

然而那个年代，通讯很落后，消息很不灵通。不像现在可以打电话或QQ、E-mail。所以臧健和和丈夫的联系很少。不过通过跟婆婆的音信来往，一向不关心政治的臧健和也开始关心中泰两国的关系了。因为两国的关系决定着她的家庭走向，有关泰国的一切都异常敏感地进入到她的心中。那时候信息渠道很是狭窄，连个电视机也没有，她只能从收音机里听到一些新闻。

有人说，距离产生美。没错，离得太近了是不行，但离得太远了更不行。比如庐山，走到跟前看只是一块块大石头，没有云缠雾绕的美感，但你远在沈阳看，你能看得见吗？还不如看到的是一块块石头呢，至少它真实存在。所以不是距离产生美，是距离适当才产生美。

其实，两地分居是婚姻的杀手。

第一，无法经常沟通和交流，时间长了，心理距离拉远，感情淡化。想想看，朋友之间，好长时间不联系，感情还远了，不是有那么句话“朋友在于走动”嘛，何况夫妻，更是如此。经常看到有些人因为自己家的宠物走丢或死掉而痛哭，恐怕那是因为在一起待的时间长了，有了感情，有了共同生活的美好回忆，对动物都是如此，何况是对人呢？夫妻经常在一起，有共同的生活，就会建立和培养起一些感情，有共同的美好记忆，有相互的关怀和依恋，这就是婚姻的内容。两地分居光有婚姻的形式，没有婚姻的内容，时间长了，还有存在的必要吗？

第二，两地分居，情感的孤独怎么办？性的要求怎么解决？家务负担如何分配？都是问题。尤其是情感的寂寞和性的匮乏，在强大的本能面前，谁又能说有足够的自制力？毕竟我们是肉体凡胎，不是不识人间烟火、一心只求真经的唐僧。因为寂寞，因为匮乏，而出轨的婚姻有多少？那恐怕是给双方都带来无尽的痛苦和后遗症。既然饮鸩止渴结果不好，那么就得想办法常常喝到白开水，毕竟，人的生命维持靠的是白开水，不是饮料，更不是喝起来很痛快的毒酒。两地分居的出轨是值得同情的，那责任恐怕分居要负一大部分。

第三，两地分居，也使得双方的约束为零。两人整天在一起，互相防着，当然不行，但谁也管不了谁，也是会出问题的。不是有那么句话嘛，“权力缺少监督必然产生腐败”，感情也是一样，缺少监督必须产生出轨。有些两地分居的夫妻显然知道这个道理，所以，才每次打电话的时候，都问对方在哪里，正干什么？怎么在电话里有女人（男人）的声音？这种“问候”，貌似关心，实则“担心”，由于分居产生过度敏感和猜疑，这种敏感和猜疑正是婚姻的杀手。之所以会这样不信任，会不在一起也吵嘴，不是两个人的感情已经改变，也不是两个人的脾气变得恶劣，其罪魁祸首是这两地分居。如果能够在一起，经常看到对方，恐怕这种过度猜疑的心也就省了，对方也不会怪你神经过敏了。

两地分居尚且如此，两国分居无疑更可怕。

刚两国分居的时候，丈夫的信还比较多，越往后逐渐减少。但是从有限的信息来看，丈夫倒是没有变心，为了她和女儿们的出国是做了努力的。她能理解丈夫的不易，毕竟在那个年代，出国太难了。

丈夫对她说，他一定会接她和孩子们回去的，他不会离开她们。臧健和知道丈夫说的是真心话，他是个老实人，不会说谎话。而且他对孩子们感情很深，很有爱，所以臧健和信任他。

但是人生的许多事情都是难以预料的，所谓人算不如天算，谁都知道天算为何。一个人最怕的就是心里没有着落，一颗心总是吊在半空。这是一种很难受的滋味。

一晃三年过去了，臧健和终于踏上了出国寻夫的征程。辗转到了香港，终于见到了思念已久的丈夫。可是在罗湖桥头，拎着沉重的行李箱，带着两个女儿的臧健和是多么希望看到丈夫啊。三年未见，一千多天未见，不知道会有怎样的改变？可是四处寻找了许久，就是看不到丈夫的身影。最后是一位好心的工作人员对臧健和说，把行李箱整理一下，减轻些负担吧。然后又把她们送到了关口。

怀着失落的心情，最终见到了阔别已久的丈夫。可是在梦中想了无数遍的场景，终于变成现实了，臧健和却觉得有些陌生。跟自己想的不一样，丈夫愈发精神了，可是却感觉陌生了许多。

在填写出境表格的时候，“关系”一栏中，丈夫让填写的是“分居”。臧健和疑惑地看着丈夫。“分居，你才能过境来香港。”丈夫说。臧健和的心里飘过一丝不安。

到了泰国，臧健和最没想到的一幕出现在眼前。

丈夫已经另娶了一个女人，还有了一个儿子，这样臧健和又是震惊又是生气。婆婆给她解释说，在泰国这是很正常的事情。

婆婆说的也是事实。在传统中，泰国的婚姻制度有过群婚制、对偶婚制、一夫一妻等多种形式。在社会实践中，由上述婚姻制度而衍生出的一些婚姻习俗也时常可以看到。如从妻居，即男方要到女家长期生活；服务婚，即男方在女方家干2～3年活，经过考验后才可以结婚。有的地方还有抢婚、婚前同居（试婚）、一夫多妻等现象。根据现在泰国的法律规定，是一夫一妻制，但是在传统中，国王至百姓都可以一夫多妻，并且加以提倡，一般有三四个老婆是很正常的事，但在法律上，只承认一个老婆，可是又允许非婚生的孩子跟父亲姓，并且有继承权。也就是说，法律明确保护婚外情的结果。这似乎很矛盾，但毕竟是事实。

因为是一夫多妻制，所以一个男人几个妻子是很常见的。更何况臧健和没有生儿子，婆婆是个很传统的女人，不孝有三，无后为大。没有儿子，家业传给谁呢？所以必须再娶，才能延续香火。

臧健和完全不能相信也不能接受眼前的这一切。相对于她对丈夫的爱和思念而言，眼前的变化使她的感情落差太大了。虽然婆婆说，她可以在这个家里安安稳稳地做正妻，家里的人都会对她好。可是从小受一夫一妻制教育的臧健和怎么也无法接受。自己的丈夫要和别的女人分享，还和别人有了儿子。看着他们一家和睦的场景，臧健和觉得自己好像是多余的。更何况，在泰国本身就是重男轻女的，婆婆对自己女儿的轻视，很明显可以感觉到。

臧健和有很多委屈很多疑问想向丈夫诉说，可是丈夫总是躲躲闪闪。对此，她能说什么呢？她是了解丈夫的。丈夫人很好，老实厚道，但是他很懦弱，没有主见。之前在青岛的时候，就凡事听自己的，自己是丈夫的主心骨。现在回到了泰国，婆婆又那么强势，这就决定了丈夫肯定要事事听婆婆的摆布。

她一遍一遍地问自己，该怎么办呢？在这个家族中，自己是什么角色，自己的女儿又是什么角色？对于她来讲，做个温柔贤惠、三从四德的妻子不是问题。婆家为她安排的路很明显：接受事实，安分守己。如果忍气吞声，在这样一个泰国有名的丝绸商贾家，衣食是不愁的。可是丈夫已经收了一房了，以后就有可能还收。泰国又重男轻女，自己两个女儿该怎么办呢？在这样一个极度重男轻女的环境中，婆婆家在当地已经算是有钱有势的华侨了，但她的女儿都只读到初中、高中，都没上大学，不读书后就直接去嫁人了。她们与周围的人文环境格格不入。

可是臧健和从小接受的教育是知识改变命运，臧健和的母亲对知识的渴望非常强烈，从小教育臧健和的就是要好好读书。妈妈总是告诉她说，我就是砸锅卖铁也要供你读书。

然而，臧健和也知道，由于自己的出身不好，爸爸在台湾，所以在要考大学的时候，臧健和被拒在门外。在这些幻想破灭以后，她们的期望就放在了下一代的身上。这也是臧健和同意丈夫出国的一个原因，她希望以后自己可以跟着丈夫出去，这样女儿们的教育就有保障了。

可是她没想到，他们的家庭是这么重男轻女。女孩子初中毕业后就要等着嫁人，所以两个女儿会受到什么样的教育可想而知。软弱的丈夫在威严的母亲面前不敢为母女仨说话，她们的未来只能听从他人的摆布，想到这，臧健和真想大哭一场，却全哑在嗓子里，欲哭无泪。

面对这个家，臧健和迷茫了。她看不到前面的路。

离开伤心地

臧健和内心在不停挣扎，到底该怎么选择呢。离开丈夫就意味着以后要靠自己一个人抚养两个女儿，妈妈年纪大了，不能让她再操心了。继续在这里，就只能任人摆布，自己被轻视倒没什么，关键是两个女儿还小，以后的教育问题，还有婆婆的轻视，这些都是问题。看着丈夫的第二任妻子，还有他们的儿子，臧健和真的不知道该以什么样的身份在这里呆下去。

刚强独立的臧健和认为，有吃有穿不是一个女人的全部。她不要做人的尊严，在这个家里忍气吞声受委屈的就不仅仅会是自己，还有自己的女儿。可是离开，又能去哪里呢？青岛是不能回了，自己已经辞职，大家也都知道自己去找丈夫了，这样突然回去肯定不行，还会让母亲担心，她已经为自己操心很多了，不能再让妈妈担心。泰国也不能呆了，离了婚在这陌生的地方等于自寻死路。

臧健和思来想去，度量来度量去，还是决定离开。

下这个决心实在是太艰难了，她知道离开意味着无依无靠，意味着前面的道路会异常坎坷。但作为一个母亲，她必须要为女儿们着想。看着丈夫的第二任妻子，以及婆婆对女儿们的轻视，还有以后女儿们可能不能接受好的教育早早被嫁出去，要强的臧健和还是决定离开。

接下来就要思考去哪里的问题了。后来在记者采访臧健和的时候，也曾经和她谈论过这个问题："直接回青岛不好了吗？"

臧健和说："可能很多人都会说，应该回青岛，那里有亲人朋友，工作会很方便。但1977年的中国，'文革'刚刚结束，整个社会还处在创伤之下，人们很彷徨很无助，看不到希望。思想也没有从'文革'中苏醒，还不能接受一些新的东西。如果回去，要为自己的未来付出很多。也有人觉得我可以选择再嫁，但我要为我的两个女儿多考虑，所以我要拿出我的决心克服困难，为自己的女儿牺牲自己，也是值得的。我当时的护照是到香港的，因为中国和泰国还没建交，我必须先退回香港。滞留在香港后，当时举目无亲毫无根基，对环境也不适应，选择留下来生活一定是很艰难的。但我相信，只要肯吃苦，香港一定有我落脚的地方。当时在香港有人选择依靠政府的公援金生活，但如果我一旦选择依靠公援金，我就无法送我的女儿去读大学，无法完成我的理想。"

其实，这时候的中国内地，已经呈现出了春天的曙光。

1977年的3月3日至16日，全国计划会议在北京召开。会议讨论了1977年的国民经济计划，通过了国家计委向中央政治局提出的《关于1977年国民经济计划几个问题的汇报提纲》。会议回顾了“文化大革命”中党同“四人帮”在经济领域进行的重大斗争，针对当时经济领域存在的思想混乱，提出了要不要坚持党的领导、要不要搞好生产、要不要规章制度、要不要社会主义积累、要不要各尽所能、按劳分配、要不要引进新技术、要不要坚持计划经济等10个“要不要”的问题，这对于批判“四人帮”的反动谬论，起了积极作用。

3月10日至22日，中共中央召开工作会议，初步总结了粉碎“四人帮”以来的工作，并部署了当年的工作任务。华国锋在讲话中坚持“两个凡是”的错误方针，继续沿用了“文化大革命”中的一些错误提法，仍然认定天安门事件是“反革命事件”，认为“继续批邓、反击右倾翻案风”是正确的，阻挠邓小平出来工作等。这就为全党纠正“文化大革命”的“左”倾错误、拨乱反正，设置了重重障碍。会上，陈云、王震等老同志抵制华国锋的错误，郑重提议要邓小平出来工作，要为天安门事件平反，华国锋加以压制，不让陈云、王震的发言刊登会议简报。

4月10日，邓小平给中共中央写信，针对“两个凡是”的错误观点指出：“我们必须世世代代地用准确的、完整的毛泽东思想来指导我们全党全军和全国人民，把党和社会主义事业，把国际共产主义运动的事业，胜利地推向前进。”5月3日，中共中央转发此信，肯定了邓小平的正确意见。邓小平对

“两个凡是”的批评，开了全党解放思想的先导。

这些变化，臧健和还是后来才知道的，在当时，尚在泰国的她心情还处在极度阴暗之中。

青岛和泰国都被排除了，思前想后，臧健和把目光放在了香港这块沃土上。她想，香港繁荣机会肯定也多，那里重个人奋斗，只要够勤奋应该就能生存。更何况香港是属于中国的，虽然不会说粤语，英语也不懂。但是最起码大家都是黄种人，内心觉得都是亲切的。

有了方向，臧健和的心稍微有点儿踏实了，对香港也向往起来。

臧健和永远记得，在跟丈夫说离开的时候丈夫的表情。这个曾经给她幻想、给她希望的男人，一脸歉疚地看着她，却没有说任何挽留的话语。用臧健和的话说：“他不闻不问，追都没有追，再没有主见的人也不会麻木到连亲生骨肉都不关心吧。”

臧健和感到了无望，甚至是绝望。她知道，这个男人已经是另一个女人的了，需要肩负的是另一个女人的许多责任。臧健和不是个自私的人，但是和另一个女人分享自己的丈夫，还是让她无法接受。

臧健和是个很传统的女人，她并不是那种为了经济独立、事业成功却不顾忌家庭幸福的女人。相反，她说：“一个女人最为重要的是有一个可靠的丈夫和孝顺的孩子。”

可是现在，这个丈夫已经无法依靠了，这个家也不是自己的家，不能继续待下去了。事实上，在后来记者对此事采访臧健和的时候，臧健和说："如果当时我的先生是一个不肯让我领着两个女儿走的人，要走你自己走，你不能领走孩子，甚至于说领走孩子也行，你领一个，给我留下一个，孩子是我们两个的。我想我不论是为了一个还是两个孩子，都会委曲求全。可是就是因为我先生当初对我的决定没有做出挽留来，所以我才毅然决然地下定决心，把我孩子领出来，我自己去独立生活。"

在离开婆家的时候，她想到了青岛的妈妈。

其实当时过来的时候，臧健和就很舍不得妈妈。她们娘俩相依为命几十年，妈妈一个人把她抚养长大。她也知道妈妈离不开她，妈妈有支气管炎，年纪也大了，需要她照顾。可妈妈还是对她说："你去吧，孩子，去寻找你的生活。"那时候，中国"文革"刚刚结束，谁也不知道以后的路应该怎么走。自己出身又不好，臧健和知道，妈妈是为了自己的前途，她想让自己的女儿展翅高飞，想让自己的女儿不要像自己一样，孤苦受累一辈子。

可最终臧健和还是走上母亲的老路，离开了婆家、离开了丈夫，开始了几十年前母亲走的那条路。有人说性格决定命运，臧健和不知道这是天意是定数，还是造化弄人，或者是性格使然？但不管怎么说，她还是重蹈了母亲的覆辙。

她觉得很对不起妈妈，没能给妈妈找一个好女婿，没能让妈妈过上好日子。曾经她多么希望那个男人，可以为她做到这一切。可是现在，已经不可能了。臧健和想，自己一定要在香港苦干，才能让妈妈安心，妈妈的晚年才有依靠。为了妈妈，为了两个女儿，也一定要奋斗，努力做出一番成绩！

第三章　流落香港

香港，孤独的母女

与臧健和一前一后“杀到”香港的，还有被人称为一代金王的林世荣。

林世荣出生于广东海丰一个农民家庭。1977年，22岁的林世荣偷渡到香港。

上岸后，林世荣躲过关卡，到了油麻地，发现这里的上海街整条街上金铺多过米铺，由此他认定了做黄金生意肯定会发达，于是投奔一家金行做学徒，由此开始了31年的黄金事业。

做学徒的林世荣勤奋好学，又肯钻研，最后靠300多元积蓄自立门户开设金饰店。由于他的金饰手工精细，款式比别家好，又迎合客人心意，生意越做越大。上世纪80年代，受第一次海湾战争影响，香港金价暴涨没人敢买，林世荣的生意大受影响，但他立即转为经营白银，结果打开了欧美市场，顺利转危为安，一度被行内称为“银王”。

林世荣后来创办恒丰金业，公司1999年在香港上市，并于2003年开设首间金至尊门市，成为香港一代金王。

关于香港，这是当时的臧健和所不知道的。

1950年，英国承认中华人民共和国，是第一个承认中华人民共和国的西方国家。而后来由于中国在朝鲜战争与西方世界交恶，被西方国家禁运，使香港成为中华人民共和国的转运物资、征集资金、收集情况的唯一窗口。

1956年10月，九龙深水埗区发生“右派”工会暴乱，中华民国政府的情报人员从此被禁止进入香港。

1967年，中国国内的红卫兵多次意图越过中港边境。后来“左派”公然响应国内造反派的号召，在香港多处策动暴乱。

经历过上世纪60年代末的暴动，香港政府于上世纪70年代初调整了政策方针，开始咨询华人的意见，逐步吸纳华人进入决策机制。1973年由于受石油危机的影响，香港经历了一次经济大衰退，但自1974年开始了长达20多年的高速增长。上世纪70年代中香港地铁开始动工，廉政公署成立，开始实施九年免费教育，并进一步扩展公共房屋计划，皆为香港未来的“经济奇迹”奠定基础，使香港于上世纪80年代初成为世界著名的“亚洲四小龙”之一。

上世纪70年代初期，由于新界土地契约的问题，使香港政府不得不考虑香港前途的问题。英国政府曾经多次要求向中国政府延续新界的租约，但为中国政府拒绝。不过在上世纪70年代末，“香港前途问题”已成为中英两国正式议题。

1978年开始的改革开放，改变了中国长期以来对外封闭的情况，香港继续发挥中介人的本领而进入了经济高速发展时期。

可以说，臧健和来到香港虽然经过了一些权衡，但基本上仍然属于误打误撞的范畴。

臧健和拖着沉重的行李，带着两个女儿走在香港的马路上。两个女儿，一个6岁，一个4岁。灯光下，两个小小的身影紧紧跟在一个更为高大的身影旁边，构成一幅美好的画面。

臧健和离开了丈夫，离开了泰国。从此就要变成单亲妈妈了，以后的一切都要靠自己努力了。

看看紧跟着自己的女儿，小小的脸上有疲惫，也有对陌生环境的好奇和新鲜。两个女儿还小，她们不知道离开泰国意味着什么，可是臧健和知道，以后的路会很艰难，很艰难。臧健和有一双美丽而明亮的大眼睛，见过她的人对她的大眼睛都有很深的印象。可是现在，这双明亮的眼睛里，写满了迷惘，初到香港的她完全是眼前一抹黑。这里的一切对她来说都是陌生的，林立的高楼大厦，喧闹的大街，说着各种语言的人们。大家都行色匆匆，各自忙着自己的事情，只有她们仿佛被世界抛弃了一般。只有她们，是在这生活以外的，是局外人。

没有住所，语言不通，还带着两个几岁的孩子，孩子要上学，身上只有几千块钱，没有工作。以后的日子怎么办呢？想到这里，臧健和就觉得生活毫无希望。她是多么想像其他人一样忙碌地工作啊！多么想进入适应香港的生活啊！可是一句粤语都不会的她，怎么办呢？

臧健和的眼神是迷茫的，内心是绝望的。怎么沦落到这种悲惨的地步了呢？在青岛，最起码她不愁吃穿，是个漂漂亮亮令人尊敬的护士。可是现在，站在川流不息的大街上，有谁知道自己呢？她都快要忘记自己是谁了。此刻的臧健和，就像是搁浅在沙滩上的鱼儿，必须要补充一些水分，否则必死无疑。在这样陌生的地方，工作没有，住房没有，语言不通，没有熟人，落了地却无法生根。她必须要扎根在这里，尽快融入这里的生活，只有这样孩子们才能安定，远在青岛的母亲才能放心。

可是，一个单身女人带着两个幼小的孩子，想在香港扎根是多么不容易。走在繁华的马路上，臧健和不停地思考，不停地想以后的路要怎么走。两个女儿紧紧拉着妈妈，虽然四周的景色很漂亮，虽然街上有很多好玩的东西，可是她们不敢看，生怕走丢了。生怕一眨眼跟妈妈走散了，她们是那么的爱着妈妈，妈妈就是她们的天，她们的一切，有了妈妈就拥有了全部的世界。

臧健和看看紧紧跟着自己的女儿们，温柔地说道：“快走吧，我们去找房子，很快就有新家住啦。”

其实她的心里也完全没底，不知道去哪里找房子，不知道第一句话怎么说，不知道到时候要怎么沟通。身上只有几千块的辞职费，又能租什么房子呢？又能够支撑多久的生活呢？臧健和的心里一片迷茫。就像是进入了广阔无垠的沙漠，何处是尽头？何处是绿洲？

是谁在凡世阡陌中

走的那样匆匆

是谁在滚滚红尘里
显得那么孤独
晚风吹拂离别的惆怅
子规悲啼划过如醉的晚霞
江南一叶
惊鸿一瞥中绵绵不尽的怅惘
狂风弥漫羁旅的愁肠
驼铃声声响彻如血的夕阳
大漠孤烟
低头蹙眉间缕缕深情的回望
泪水点点滴滴的流淌
沾湿断肠人破烂不堪的衣裳
归宿何方?

这是一首名为“流浪”的诗歌，不仅上学不多的臧健和难以理解它的含义，即使是今天，已经成功了的她也未必说得清其意境。但在初到香港时的她的心里，局外人看来，流浪的逼真之感与诗歌中的意境竟然有惊人的相似。

虽然心里很慌，可是看着女儿们，臧健和还是装作泰然自若的样子。她要给女儿们安全感，要让她们觉得踏实。要让她们知道妈妈是最棒的，妈妈可以找到房子，可以做好一切。两个女儿心里肯定是有疑问的，可是她们只是乖乖地跟着妈妈，懂事地什么都不问。

拖着疲惫的双腿，受伤的心，她们终于找到了住的地方。那是在铜锣湾旧电车厂附近的一栋旧楼里，租的是一个只有4平米的没有窗户的小屋子。那么狭小的屋子，除了一个上下铺，再无其他可使用的家具。虽然很简陋，可是两个女儿都很高兴，尤其是小女儿蓬蓬，小小的脸上洋溢着甜甜的笑容，在屋子里看来看去的。“妈，这地方真好。”大女儿蓓蓓说，“这样我们就可以离妈妈很近了。”

臧健和为女儿们的懂事而感动。自己30多岁了，无家可归，还带着女儿们住这样的地方，母女三人挤在4平米的小屋子里，一点儿私人空间都没有。

这怎么能算是“好”呢。

臧健和不仅又想起了她的母亲。或许，女儿的心中，只要能在母亲身边就是幸福呢。

4平米，6平米

大女儿蓓蓓要去上学，臧健和要去工作。白天就只有小女儿蓬蓬留在家里。

在这么小的空间里，蓬蓬一个人呆在家里是很无聊的，想活动一下或者玩一玩都很困难。但当时签合同的时候，双方约定两个孩子不能去客厅玩，必须要遵守，否则就不能再续约。可是小孩子跟大人不一样，他们不懂什么是合同，他们天性自由自在。尤其是小女儿蓬蓬，看到客厅里面的电视机就很心动。电视机上每天都放着热闹的节目，尤其是那些动画片总是惹得她心里痒痒的。

可是妈妈说过，不能去客厅玩，不能乱跑，要老老实实地在屋子里呆着。可是想看动画片的渴望在蓬蓬心里不停地捣乱，蓬蓬不想违背妈妈的嘱咐，可是她又很想去看动画片。左右为难的情况下，她想到了一个办法。因为厨房在客厅旁边，她要喝水就必须去厨房，去厨房就可以经过客厅，这样她就可以看到电视啦。这个办法让蓬蓬很兴奋，只要能看一眼电视，她就觉得很快乐。于是，她就一次又一次地去厨房喝水。这样既听了妈妈的话，又能看电视，真是一举两得。她为自己的聪明而得意。

但是，在一次倒水的时候，蓬蓬端着一杯水，因为注意力都在电视上面，不小心将水洒到了客厅，弄脏了地板。客厅里的阿婆顿时就火了。

蓬蓬的小计划早已被阿婆发现了，只是没有机会拆穿她。这下阿婆得了机会，噼里啪啦地说了一大堆香港话批评蓬蓬。虽然听不懂什么意思，但是看到阿婆生气的样子，蓬蓬知道阿婆肯定是在批评她，顿时吓得哭了。

回到房间，眼泪还是止不住，大颗大颗地往下掉。蓬蓬觉得很委屈，可是她不知道可以向谁诉说，妈妈不在家，她也不知道能不能说得清。蓬蓬觉得发火的阿婆很可怕，她只是洒了水而已，阿婆就这么凶她。她想阿婆肯定很讨厌自己。想到这里，蓬蓬更难过了。以前在家的时候，大家都喜欢她，说她漂亮懂事听话。只要她喜欢的大家都给她，她想看的东西大家都给她看。为什么到了这里，电视都不能看了呢？

蓬蓬想不明白怎么会变成这样，是蓬蓬变坏了吗？变得不可爱了？她一个人坐在屋子里伤心地等妈妈回来，她觉得只有妈妈能为她评理。只有妈妈能保护自己，妈妈就是自己的天。她一边擦着泪水，一遍静静地等妈妈。

终于听到门响的声音了。妈妈回来了！蓬蓬激动地跳起来，但还没来得及告诉妈妈，客厅的阿婆就气愤地说开了。蓬蓬知道阿婆一定是在说她，在向妈妈告状。她躲在门后偷看着，只见妈妈一边跟阿婆说着好话，一边道歉。蓬蓬更奇怪了，妈妈为什么不向自己说好话呢。为什么要道歉？明明是阿婆凶恶地骂她！

一听房东的话，臧健和心里就明白怎么回事了。她立刻笑着跟阿婆道歉，说“您老消消气，别气坏了身子。孩子还小，不懂事，给您添乱了。我回去就说她”。不断地说着宽慰的话，还把阿婆扶到床上，给她泡茶亲自端到她手里。然后拿着拖把，一遍一遍地为阿婆拖地。不仅把蓬蓬弄脏的地拖得干干净净，还把别的房间替阿婆打扫了。

一会儿，打扫完卫生的臧健和回到屋子里。蓬蓬见了妈妈，委屈的眼泪立刻掉下来，问妈妈“是蓬蓬变坏了吗？为什么婆婆对我那么凶呢？”

臧健和看着满脸泪水的女儿，心里很难受。她轻轻地捧着女儿的脸说，蓬蓬是最可爱最懂事的孩子。妈妈最爱蓬蓬了，大家也爱蓬蓬。可是蓬蓬犯了错误，接受批评是应该的啊。

看着女儿忽闪忽闪的大眼睛，臧健和又问：“蓬蓬爱姥姥吗？”

“爱。”女儿不假思索地说。

“阿婆就是蓬蓬的姥姥，你惹姥姥生气了，姥姥批评你难道不应该吗？蓬蓬是不是应该给姥姥承认错误，哄姥姥开心呢？”臧健和说。

“可是姥姥不是在青岛吗？”蓬蓬还是不乐意去道歉。

“这个是你香港的姥姥。青岛的姥姥和香港的姥姥是一样的，都是爱蓬蓬的。蓬蓬乖，快去给姥姥道歉。”

看着妈妈亲切的眼睛，蓬蓬点了点头。然后来到客厅，跟阿婆道了歉，请她原谅。

阿婆看着蓬蓬乖巧可爱的样子，忍不住笑了。轻轻拍拍她的头，说了几句话。虽然蓬蓬听不懂在说什么，可是她能感觉到那是疼爱她的话。因为阿婆的表情很慈祥很温暖。蓬蓬也笑了，她觉得阿婆和姥姥一样，都是疼爱自己的。

看到这一幕，臧健和的心里觉得暖暖的。阿婆的表情是和煦的，就像妈妈一样。多好的老人啊，多么慈爱，多么通情达理。虽然是房东和房客的关系，虽然在香港人情比纸薄，可臧健和还是觉得人与人的关系可以不仅仅是利益关系，人本来就是有感情的动物，需要相互温暖，相互关爱。有了爱做桥梁，那将会多么美好。臧健和觉得自己心里的一扇门，打开了。她决定，以后一定要想办法再为阿婆多做些事情。

晚上，臧健和对女儿们说，人在生活中有碰撞、有矛盾这是不可避免的。产生了矛盾，就看你怎么解决。好的解决方式会把关系向好的方向发展，向爱的方向发展，大家越来越亲热。不好的解决方式，只会向仇恨的方向发展，最后变得很冷漠、很僵硬，以至于最后没办法相处。这样最痛苦的就是自己。就拿我们现在的处境来说，能有个地方住很不容易了，若是这里住不下去就只能找别的地方。我们还要辛苦，还要重新适应。在以后的生活中，还可能会遇到类似的事情，还会产生碰撞和摩擦。我们能一直搬家吗？所以，必须学会处理矛盾，把矛盾带来的碰撞往好的方向发展。简单地说，就是要学会爱。咱们只有学会爱人，学会怎样跟别人好好相处，才能够在狭小的空间里，好好生活。

两个女儿似懂非懂地点点头。

臧健和用自己的行为告诉女儿们生存之道，教她们如何爱人。那时候的她们或许无法理解这些，但这对以后的她们也是一种无形的财富。

从那次碰撞以后，臧健和每天下班回来都要替阿婆打扫卫生。虽然没人要求她这么做，但是从上次的事情臧健和明白了人与人之间交往的真谛。既然住在一起，就不能只是冷冰冰的房东与房客的关系。阿婆只有一个人住，应该也很孤单寂寞。年纪又那么大了，很需要人帮忙。臧健和又想到了自己在青岛的母亲，既然没办法在母亲身边，那就把阿婆当做妈妈一般照顾吧。

在后来的日子里，虽然臧健和要做三份工作，时间很紧，身体很劳累，可是她依然坚持抽时间帮阿婆打扫卫生。阿婆不让她帮忙，知道她的辛苦、劳累，让她多休息。可臧健和却说，收拾屋子是一种调节，她觉得很开心，一点儿都不累。

臧健和的做法感动了阿婆，从此她开始认识了解臧健和。觉得臧健和是一个太好的房客，太好的女人。每当臧健和快下班的时候，她心里都觉得很开心，好像是一个亲人回家了。有时候还会煲汤或者是把吃的留给臧健和。像臧健和所希望的那样，她们的关系已经不仅仅是房东与房客了，已经变成了亲人。

还有明显改变是阿婆跟蓬蓬的关系。在只有蓬蓬一个人在屋子里的时候，阿婆总是找蓬蓬聊天，不仅让她到客厅玩耍、看电视，有时候还做好吃的给蓬蓬。看着蓬蓬可爱的样子，阿婆也不由得慈祥起来。看着阿婆慈爱的面容，蓬蓬在心里也把她当做了姥姥。

臧健和的努力终于有了回报，家里的气氛变得异常和谐。真的就像是一家人了。看着和蔼可亲的阿婆，臧健和就想到了自己的母亲。母亲也是这般年纪，笑起来也是这么温暖。虽然居于陋室，但臧健和的生活很充实，也很快乐。后来，臧健和发现情到浓时，感情还可以超越利益，这是出乎她意料的。有了一定的积蓄后，那时臧健和和两个女儿差不多已经在四平米的小屋子里住了一年，于是她想着换个稍大点儿的屋子。刚好有一间六平米的房间空着，所以她就跟阿婆商量把这间房子租给她。没想到阿婆很痛快地就答应了，更让臧健和没想到的是，阿婆不仅租给了她，还没有多收她钱，还是4平米的房租。

阿婆一个人生活，生活费都靠出租房子。作为一个靠出租房子来赚钱的人，阿婆竟然给她大点儿的房子却不多收她钱，这让臧健和很是疑惑，但更多是感动。阿婆真诚地对臧健和说，你是个好心的人，好房客，我愿意跟你一起住，感觉像是亲人一样。

臧健和把阿婆的好都默默记在了心上，她想以后一定要对阿婆更好。人的心都是肉长的，你对别人好，别人也会回报你。就像是一颗种子，你用爱心去浇灌，结出来的就是爱的果实，用冷漠浇灌，结出来的就是冷漠的果实。她把这些体会牢牢地记在心里，这样就可以为以后的道路指明方向。她要把自己所经历到的，体会到的，遭遇到的，告诉大家。让别人也知道，这个社会还是充满爱的。都说香港人情比纸薄，可是她却不这样认为。她觉得香港是一个很温暖、充满了爱的地方，香港给予她的东西，她总有一天一定要回报给香港。

和4平米相比，6平米的房间只多出来了两平米。虽然依然很狭小，可这对于臧健和来讲却包含着阿婆对她的情，代表了香港的情和爱。无论以后住上多大的房子，可这两平米对臧健和都有着特殊的意义，都会一直刻在她的心里。

这对以后臧健和建立经营自己的水饺王国起了巨大的作用，这让她懂得了无论是与人相处，经商做买卖还是管理企业，都需要用心、用爱去经营。只有爱与暖相结合，这才是正常的、积极的、健康的利益关系。

住在6平米的房间里，臧健和想着这一切，流下了感动的泪水。

没有泪，只有梦

找到房子以后的臧健和觉得安定了一些，最起码有地方不会露宿街头了。下一步就要出去找工作了。臧健和没有一些妇女病态的依赖意识和被动心态。她并不认为自己是弱者，也没有因为自己是女人就要被同情、被保护的投机心态。她认为只要踏踏实实，只要肯努力，就可以独立，就可以生存，就可以实现自己的价值。

臧健和在青岛是注册护士，轻车熟路，可是现在是香港，不会粤语、不懂英语，又没有熟人，会有单位要她吗？臧健和先找的是护士工作，可是她的护士资格证在这里根本就不被承认。第一条路走不通，那就换别的路走。臧健和想，自己还年轻，有的是力气，可以做一些不用说话、只靠力气就行的工作。“我像是发了疯一样地问路边的行人，在香港有没有不要讲话，光凭力气去做的活儿？当时我剥去了身上仅有的一点自尊，最后发现这样的活儿还是有的。”这是臧健和对当时自己的表述。

臧健和的第一份工作是在一家酒楼做杂工。一个月600块钱工资。只要肯出力气，这种工作很简单。她做了，觉得自己做得还不错。臧健和又有了信心，她觉得香港这种工作是很多的，比如洗碗、打扫卫生、洗厕所这种粗活，只要有力气，做粗活也是可以糊口的。这种工作很多人不愿意做，但是臧健和愿意，并且做得很开心，满怀感激。她认为生活并没有抛弃她，只要够努力她们可以在香港生活得不错。她知道，一个人到新的地方，必须要学会适应环境。在酒楼里，臧健和做得很认真。在青岛的时候，这种工作她肯定看都不会看。可是现在是香港，她没有资格挑剔。她工作的时候总是特别认真，不惜力，也从不偷懒，尽力把工作做到人家满意。

臧健和认为，工作没有高低贵贱之分，劳动都是美丽的。就像是洗碗，一定要认认真真，洗得干干净净。这就是守了本分，就对得起自己的良心。守本分，认认真真工作，这是臧健和的做事心态。

人生的意义就在这个过程上。你要细细体认和玩味这个过程中的每节，无论它是一节黄金或一节铁，你要充分认识每节的价值。这便是臧健和朴素的意识。

做了一段时间以后，臧健和开始琢磨应该再找一份工作。毕竟现在一个月只有600块钱收入，她们一个月房租是200，蓓蓓还要上学，还有生活费，这点儿钱根本就不够。

新加坡女作家尤今说，要想比别人活得质量高些，就得先比别人活得累些。作家的话与臧健和的做法不谋而合。臧健和知道，要想在香港生存落地生根，必须要比别人多付出。臧健和是个有头脑的女人，她知道应该怎么规划生活，知道应该怎么生活得更好，更知道一切成功都是从很小的一步开始，然后一步一步慢慢积累而成的。

忽然，臧健和眼前一亮，她想到了自己在青岛做护士的经历：自己有一技之长就应该发挥出来，不能浪费了。

于是她开始找第二份工作，她想别人做一份工作，自己做两份，这样孩子的学费，一家三口的生活费，房租才有保证。有了目标，臧健和开始留意有没有人需要私人护理，比如打打针看护什么的。很快，臧健和就找到了她的第二份工作。

这是一个患有糖尿病的老人，每天需要打针。可是去医院又太麻烦。臧健和本身是护士，这个对她来说可谓轻车熟路。这份工作对臧健和再合适不过。老人每个月给她500块钱工资，臧健和觉得太多了，她并不需要做很多事情，也不会很累，钱赚得很容易。这500块钱对臧健和来讲实在是太重要了，因此她的心里充满了对老人的感激之情。每次去打针，她都穿得漂漂亮亮，还会化点儿淡妆，看着很清爽、很舒服，一副白衣天使的模样。工作的时候她都认认真真，绝不马虎。老人对她印象很好，她做事认真踏实，态度也好，很难让人不喜欢。老人的肯定和赞许让臧健和觉得很开心，她又找回了在青岛当护士的感觉。她的心里也踏实了许多，能挣更多的钱，能给孩子安定的生活，这是她最快乐的事情。

列夫•托尔斯泰说：“人生不是一种享乐，而是一桩十分沉重的工作。”但对于臧健和而言，她把沉重的工作化为轻松愉悦，于是便境界全出，使自己的人生变成了一个快乐的过程。

打完针以后，臧健和就立刻冲回酒楼去打工。到酒楼的第一件事情，就是跑到厕所里面换掉自己护士的衣服，洗掉淡妆，再穿上洗碗工的衣服。然后开始酒楼的工作。

这样过了一段时间之后，臧健和还是觉得钱不够。虽然两份工作的工资，花销是没问题了。可她总觉得应该多攒一些钱，以防万一。毕竟人生处处充满了意外，万一有什么事情发生了，有些积蓄总是好的，总不至于那么被动了。她不想麻烦别人，更不想拖累别人。臧健和是个万事不爱求人的女人，除非万不得已，她是不愿意麻烦别人的。她得更加努力，不能因为自己准备不足而在遇到事情的时候麻烦别人，所以只能自己受累了。

于是她开始想着找第三份工作。就在这时候，她发现一起做工的人，有的晚上会去洗电车。这样一个月就可以多挣400块钱。想到这里她又心动了，她觉得自己也能干。于是就跟人家一起去了。这样她就有了三份工作，除去生活费、孩子的学费、房租，她还能每个月寄给母亲300块钱。

成为香港首富之后，李嘉诚谈起过他一天的时间安排：“不论晚上何时睡觉，早上一定在固定的时间起床。早上5点59分，闹钟响，一定起床，因为要听电台的新闻。这是一天的开始。6点开始打球，打一个半小时。这一个半小时完全属于我自己。这以后的时间，要处理其他业务和工作。”

而影视大王邵逸夫的作息时间是这样的：“他每天都是6点起床，吃少量面条、喝茶，练一会儿气功，穿戴齐整，阅读一两个剧本，然后坐上他的坐骑——劳斯莱斯到办公室去。这种车子他有两辆。司机绕着清水湾下行，从家里只要开5分钟。邵逸夫8点到达办公室。他会在9点15分之前巡视一通摄影棚，坐在有六七个座位的影厅开始看之前拍摄的电影样片，还有竞争对手的电影，再审阅一些剧本。然后，邵逸夫会找他的助手邹文怀协商工作事宜，他通常会在拍摄现场向编剧、导演和演员提建议。午餐邵逸夫吃得比较简单，在小屋里享用，然后午睡半小时，回到办公室一直工作到黄昏。午夜时分才回家休息。他的作息习惯就这样周而复始，除了周日。周日下午，他要选择上海风格的澡堂，舒服地泡上两个钟头。”

这是一位美国《生活》杂志的记者多年前采访邵逸夫，总结出的邵逸夫的生活规律。

他们都是成功人士，没有成功时的臧健和的一天是这样度过的：早上6点半替一位老太太打针，8点多便到一家酒楼去当招待，从早上一直忙到晚上，晚上则到电车厂去洗车，回家时已是凌晨1点多，她已累得爬不上床了，在大陆工作悠闲的她何曾受过这份苦，可是作为母亲，看看两个可爱的女儿，再苦再累也心甘情愿，毕竟一家人的生活有了着落，不用再挨饿了。

两个女儿也因为妈妈的辛苦格外懂事，每天下午两点到5

点臧健和有一段难得的空闲，母女可以聚在一起，妈妈一回来，两个女儿就围绕在妈妈周围，给妈妈倒水，讲一些开心的话逗妈妈。已经上学的大女儿蓓蓓见妈妈每天都那么辛苦，就想办法替妈妈分忧，好让妈妈少劳累一些。放学回家她就帮妈妈干活，照顾妹妹。蓓蓓虽然很小，可是好像什么都知道。很懂事，她不多言语，把一切都放在心里。她知道妈妈很辛苦，所以就努力多帮妈妈一些，这样妈妈回到家以后就可以多休息了。臧健和看到女儿那么小就如此懂事，跟个小大人似的，心里很难受。她想到了自己，小时候的自己何尝不是如此。有时候奔波在上班的路上，脑海里闪现着女儿们的样子，泪水就不禁落下来。虽然很累，可是想到女儿们，她懂事的女儿，可爱的女儿，心里就觉得暖暖的，浑身又充满了力量。

后来臧健和又找了一份工作，是剪线头，每天可以赚10元钱。一天大女儿蓓蓓回家看见妈妈还没有来得及将剪好的线头给工厂送去，便自告奋勇地要帮妈妈送货。臧健和摸着女儿的头发说："你才8岁，香港的东南西北都不知道，怎么送货呢？"但是女儿一个劲儿地恳求她，臧健和被女儿的执着打动，同时想着这样自己就可以多做一点活儿，多赚一点钱，就答应了。蓓蓓兴高采烈地走了。

可是蓓蓓出门很长时间还没有回来，臧健和如同热锅上的蚂蚁，丢下手里的活计，在小屋子里转来转去。

终于等回了蓓蓓，可是她把背出去的货物又原封不动地背了回来，看到货物，臧健和气就来了，她认为这样就耽误了工厂的时间。臧健和狠狠将蓓蓓责备一顿，不听女儿的解释，气鼓鼓地到厨房做饭。

忙碌中，臧健和听到屋里传来轻轻地抽泣声，小女儿蓬蓬着急地问：“姐姐，你痛不痛？姐姐，你痛不痛？”

臧健和探出头来，看见蓓蓓的左腿上沾满了土，血顺着腿流下来，裤子上血迹斑斑。蓬蓬正用红药水给姐姐擦拭伤口。臧健和急忙过来蹲下身子问：“蓓蓓，你怎么了？”蓓蓓可怜兮兮地说：“妈妈，我迷路了，我摔倒了。”

“你怎么不早说呢？”

“我怕妈妈吼我，也怕妈妈心痛。”

臧健和的心都要碎了，她把女儿紧紧搂在怀里，她的泪流了一脸，喃喃地对女儿说：“妈妈错了，妈妈对不起你……”

母女三人抱在一起，哭成了一团。

意外起萧墙

臧健和凭着自己的力气和努力，在香港干得很顺手。虽说都是些粗活，但是她做得很开心，生活得很充实。在香港，她在不会粤语、不懂英语、护士资格证不能用的情况下，可以找到不用说很多话的工作，有房子住，她用自己的劳动来养活两个女儿，还能给青岛的母亲寄生活费。这已经让她很满意了，虽然累但她无怨无悔。

可是命运对臧健和是那么的不公平，好像见不得她生活得好一点儿。所谓天有不测风云，这种生活很快就被打破了。

那是1978年3月的一天，她在工作的时候，不小心被人撞倒了。当时酒楼的经理让她搬几十斤重的毛巾盒子到仓库，臧健和在行走的时候，一个年轻人突然急匆匆地跑过来，由于事出突然，臧健和还没来得及做出反应就摔倒了。年轻人很不好意思地道歉，说带她去医院检查一下有没有什么问题。可是臧健和拒绝了，她是个吃惯了苦的人，觉得被撞一下摔倒了不是什么大事，只想着赶快站起来别让人看到了笑话。她觉得应该没什么问题，就没有在意。

回到家以后，她想坐下休息休息，却发现腰痛得厉害。干活和行走都很困难。无奈她去了医院。经过检查，发现是腰骨裂伤，需要住院。更不幸的是，医生在检查腰的时候还意外发现她患有很严重的糖尿病。这是她万万没想到的。

此时的臧健和精神到了崩溃的边缘。又一次觉得被世界抛弃，走投无路了。她刚挣了没多久的钱，就这么倒下了。以前一直以为自己年轻，可以靠体力挣钱。可是现在体力也没办法用了，该怎么办呢？她想到了家里的两个女儿，她们还小，需要自己的照顾、保护和关爱。最重要的是需要自己挣钱养活，她们还需要上学。青岛的母亲那边，还要寄钱过去。自己受伤的事情也不能让她知道。母亲那么大岁数了，不能让她担心。可是现在她躺在医院里了，不能干活了。两个女儿怎么办？谁是她们的依靠？想到这里，臧健和的眼泪决堤了。

对于臧健和来说，眼泪确实冲洗和稀释了她心灵的痛苦和创伤，润滑了她的心理状态，杀灭了她通向未来的拦路虎。

很快，臧健和停止了流泪，她告诉自己这样是没用的。必须冷静下来。想办法，想解决的对策。她开始想这几天发生的事情，试图理出头绪。从酒楼这边看，受伤了以后，她去找过酒楼老板，将当时的情况如实相告，说自己是工伤。可是老板不肯承认，而认为她是想要讹钱。虽然他没有明说，但臧健和还是听出了弦外之音。老板在歧视她，说她是大陆来的，穷疯了想要讹钱。

臧健和觉得自己受到了巨大的侮辱。她是一个很敏感、自尊心很强的人。不然她也不会离开泰国到这里受苦受累。苦和痛她都不怕，也不在乎，可是侮辱和歧视是她无法接受的。她本来就是自尊心极强的人，又身处弱势，被人歧视，心里的痛苦和身体的痛苦双重打击使得臧健和快要崩溃了。

她开始患得患失，带着孩子来这里是不是做错了？以后的路应该怎么走？她能把孩子养大吗？养大只是最容易的、最初级的，关键是要把她们教育好，接受高等教育，健健康康地长大，成为对社会和国家有用的人才。可是现在自己倒下了，如果身体从此跨了，她凭什么给女儿们打下一片天，凭什么生存，凭什么立足于香港？臧健和的心碎了。巨大的悲伤、无助、迷惘笼罩着她。

躺在病床上的臧健和再次泪如雨下。两个女儿看着妈妈，一向坚强的妈妈，无所不能的妈妈，躺在病床上不停地流泪，她们手足无措，也开始哭泣。虽然她们不知道妈妈为什么哭，可是妈妈是她们的天，现在妈妈难过了，她们也觉得很难过。她们稚嫩的脸色，写满了恐惧、担心，还有悲伤。她们怕妈妈出什么事情，怕妈妈不管她们了，以后的生活不知道怎么走，她们只能看着妈妈一直哭泣，哭泣。

后来有记者问臧健和，在受伤住院的日子里，有没有想到过死？臧健和的回答是，想到了。那时的她真的没有办法了，觉得活下去完全无望。可是她没有这么做，她没有资格死。一个人死是容易的，难的是好好活着。

臧健和从小受到了母亲的影响，母亲坚强，能忍。她告诉自己，不能就这样认输，不能就这样倒下。为了两个女儿，她必须坚强起来。她轻轻拍拍两个女儿的头，抚摸着女儿的头发、脸蛋，为她们擦掉泪说："放心吧，妈妈没事的。很快就好起来啦，就可以出院啦。"

可是两个女儿的泪水还是不停地往外流，怎么止都止不住，怎么擦也擦不干净。臧健和知道，女儿们是害怕，太为自己担心了。她们太爱自己了。

于是臧健和看着女儿们温柔地说："孩子们，人都是很坚强的。谁都有倒下的时候，但是倒下不可怕，可怕的是永远起不来。可是妈妈不是那样的人哦，妈妈是很强大的。人这一生会遇到各种各样的挫折、困难，一时的伤心难过迷茫可以理解，但是不能纵容自己一直这样下去。否则，就真的过不去了。只要我们坚强起来，告诉自己这没什么可怕的，出现了困难好好解决，就一定可以战胜困难！虽然我们现在是在逆境中，但是一切都很快会好起来的。你们相信妈妈吗？"

蓓蓓和蓬蓬看着妈妈坚定的眼睛，点了点头说："相信。"

"这才是妈妈的好女儿呢。"臧健和笑着说，"女儿们，接下来就让我们一起克服困难，走出逆境吧！妈妈为了你们，爬也会从病床上爬起来的。"

其实此刻的臧健和心里也完全没有底，只是为了安慰女儿。看她们这么难过，她的心都碎了。她不断涌出来的泪水只能拼命地往肚里咽，只是为了不让女儿们担心。在丈夫刚刚回泰国的时候，她也是这么难过，泪水不停地往下流。可那个时候孩子们还小，她有的是机会把眼泪和脆弱隐藏起来，可现在孩子们都长大了，她们就在自己身边，眼泪藏都没办法藏，只能够拼命地往肚子里咽。

诉讼，不为金钱为尊严

时间一天一天过去了，转眼已经住院一个星期了。坚强的臧健和想，自己不能一直躺在病床上，为了两个女儿她也得撑着。她的腰伤也渐渐好转，虽然腰部还是会隐隐作痛，但是臧健和不要做一个整日躺在病床上度日的人。

她很快出了院，回到家里。由于臧健和是工人，劳工局法律援助处向臧健和伸出了援助之手。他们帮助臧健和打官司，将酒楼的老板告上了法庭。这对走投无路的臧健和来说，无疑是雪中送炭。在劳工处和法律部门的帮助下，臧健和打赢了官司。判决结果是，酒店方面必须支付臧健和3万块钱的赔偿金以及4000多元的工资。

面对这个结果，臧健和激动地流下了泪水。是法律还给了她公道。法庭上，酒店老板给了臧健和两张支票，一张是赔偿金，一张是补发的工资。可是臧健和只拿了自己的工资，把赔偿金还给了酒店老板。顿时，心里一直以为臧健和——这个从外地来的打工妹想要讹钱的酒楼老板愣了，这是为什么？打官司不就是为了钱吗？既然拿到了钱为什么又还给他呢？酒楼老板把臧健和看了又看，好像不认识她似的。

法庭上其他的人也愣了，不解地看着她。

然后臧健和微笑着说了一句让全场震惊的话：“我讨回的是尊严，不是为了钱。”

臧健和来到香港一心想的是用自己的双手和勤劳来创造财富，也一直是认认真真、踏踏实实地工作，从未想过得到什么不义之财。虽然落难香港，虽然很需要钱，但是她觉得只有自己用双手挣的钱，她才花得心安理得，才觉得有意义。对于现在的她，腰骨裂伤，还未复原，重活也做不了，女儿还需要她养活。她太需要钱了，更何况3万块钱不是一个小数目，她属于工伤，老板赔钱是理所当然的。但是心中有一个声音告诉臧健和，她不能拿，她要靠自己的能力挣钱养家。她打官司并不是为了赔偿费，只是为了讨个说法，只是为了自己的尊严。她不想被人说想“讹”钱，她要让酒楼老板知道，他想错自己了！虽然是打工妹，但她也是靠自己劳动挣钱的，他不应该歧视自己，更不能侮辱自己！

在臧健和的心里，金钱是次要的，自尊、名誉才是最重要的，要想过上好日子，必须要付出自己的努力挣钱。她起诉老板，不过是为了讨个说法罢了。这点和现在的索赔1元讨说法但又不被人看作讹诈的许多人的做法非常相似。

臧健和就是这样，做事很分明。她要什么，不要什么，心里有数。作为香港的新移民，她自己心里有数。香港是个自由的社会，也是一个大都市。这样一个地方不应该有地域歧视的存在。虽然是新移民，但他们也有自己的思想，有自尊。不能平白无故就被人冤枉和侮辱。酒楼老板“讹钱”等的言论，让臧健和心里难受了许久。她的自尊心受到了极大的伤害。一个公正的社会，是不应该有这种歧视性的言论的。是应该尊重每一个人的，不管是本地人还是外地人，不管做什么工作，都应该公正地对待。她就是不服气，就是要争一口气！她性格中和母亲不同的地方开始显现出来了，同样都能吃苦耐劳，同样都坚强执着，但是臧健和比母亲少了一味地忍。母亲的人生态度是，凡事要忍。忍忍就过去了。可臧健和不这么认为，她从母亲的身上明白了一味地退让是不行的，别人只能更加瞧不起你，更加欺负你。必须站起来，争取自己的权利和利益！

做了自己想做的事情，接下来臧健和开始担心以后的路要怎么走了。在香港这个大都会里，自己带着两个女儿，生活在社会的最底层，是那么的渺小。想想以后，臧健和又开始担心了。

可是不管怎么说，人们记住了臧健和这个自尊自强的女人。

公援金？NO！

法庭的审判，臧健和觉得很公正，自己的气也顺了，欠自己的工资也拿到了。臧健和开始打算下一步的路。

酒楼那边肯定是不能去了，自己的身体也没办法做那么重的活儿了。腰伤还没有好，还在隐隐作痛，又患有严重的糖尿病，每天做三份工作她肯定是干不下来了。而且工作的过程中一旦发病了，那将是一场灾难，以后的日子更没法过了。别的工作自己也做不了，语言也不通，以后的路要怎么走呢？臧健和不停地盘算着。

这时候，社会福利处的人来找她，原意为她提供公援金。虽然公援金的钱相当于臧健和做两份工的工资，但臧健和还是拒绝了。她从来没想过自己会到靠社会救济的地步，自己有手有脚有力气，才30多岁，她要靠自己的能力吃饭，不能成为社会的负担。一旦接受了救助，以后可能就会产生依赖心理，那她这辈子就完了。一个30多岁就吃公援金的人，是让人瞧不起的，自己也觉得丢人。吃了公援金，还有什么动力去工作，人生还有什么意思？还怎么实现自己的价值？最重要的是，两个女儿还小，如果她们知道自己的妈妈靠公援金生活，她们会怎么想，自己又怎么给她们做好榜样？女儿们会不会也有不劳而获的念头？母亲是孩子第一任老师，自己的言传身教对孩子就是无言的榜样。如果自己都不劳而获，那还怎么教好她们？别人会不会因此歧视她们？臧健和想了很多，最终还是做出了拒绝的决定。因为在她的潜意识中，她始终认为“宁可叫人妒，不能让人怜”。

她从不需要别人的同情。

臧健和不要公援金，她要靠自己的能力自己的双手劳动赚钱。要给女儿们树立榜样。天下没有免费的午餐，她要用自己的行动告诉女儿们，人必须靠自己的能力和劳动来挣钱，意外之财不可得。

想好这些以后，臧健和又开始为以后的生存作盘算。现在自己身体状况不太好，糖尿病是一种慢性病，医生嘱咐说不能太累，情绪不能有太大波动，自由自在的工作比较好。如果继续不注意的话，将会更严重，后果不堪设想。可是哪里有自由自在的工作呢？在香港这个地方，自己能找到工作已经谢天谢地、感激万分了，又哪能挑三拣四呢？按着自己的性子来，不受别人的约束，生活的节奏由自己定，不能太劳累，必须调节好自己的身心，这样糖尿病才会减轻，并逐渐得到控制。

这些年来，臧健和太辛苦了，心太累，生活又很紧张。这应该是得糖尿病的原因。如果能换一种生活方式，也许会好很多吧。

可是哪里有自由自在的工作呢？不用看别人眼色，随自己的心意？突然她想到了以前看书的时候，书上所讲的松下幸之助的故事。

书上先介绍松下求职的故事，这故事也给臧健和以极大的鼓舞，让她更加不服输。

松下幸之助家境贫寒，为了养家糊口，年轻的他到一家大电器公司求职。矮小瘦弱、穿得又破又脏的他被公司的人事部门主管谢绝了：“我们现在暂时不缺人，你一个月以后再来看看吧。” 这本是推托之辞，可一个月后他真的来了，那位负责人又推托说有事，过几天再说。隔了几天他又来了，如此反复了多次，主管只好直接说出了真话：“你这么脏是进不了我们公司的。”于是他立即回去借钱买了一身整齐的衣服穿上再来。负责人看他如此实在，只好告诉他：“关于电器方面的知识，你知道得太少了，我们不能要你。”

不料两个月后，他再次出现在人事主管面前：“我已经学会了不少有关电器方面的知识，您看我哪方面还有差距，我一项项弥补。”这位人事主管盯着态度诚恳的他看了半天，才说：“我干这一行几十年了，还从未遇到像你这样来找工作的。我真佩服你的耐心和韧性。”

结果，他的毅力终于打动了这位人事主管的心。他如愿以偿地进入那家公司工作。

但因为松下的身体不好，难以适应公司严格的考勤制度，所以才开始自己开店创业的。自己开店的好处就是自由，跟着自己的节奏来，能多干的时候就多干，累了就休息。也不用看别人的颜色，这就是自由的工作状态。如果能达到这种工作状态，应该对自己的身体好很多吧。

后来，松下幸之助成了日本著名跨国公司“松下电器”的创始人，被人称为“经营之神”——“事业部”、“终身雇佣制”、“年功序列”等日本企业的管理制度都由他首创。

对，开店，像松下那样。臧健和打定了主意。

可是，要开什么店呢？自己又没有太多资金，大的投资肯定不行。也没有人手，女儿们还小肯定帮不到自己，在香港也没有朋友，也找不到合适的项目。之前没有做过生意，完全没有经验，对开店一片茫然，完全没有头绪。

此时的臧健和已经忘记了自己小时候热爱的面团，忘记了自己做饭的天赋。随着时间的流逝，生活的打磨，她已经忘掉了自己很多爱好以及特长。她的心已经被生活折磨得疲惫不堪。

第四章　码头创业

无证小贩

虽然发生了这么多事，但是臧健和并没有放弃希望，在医院的病床上，她仍然在不停地想着未来的出路。有个朋友知道臧健和腰骨裂伤又得了糖尿病，就来看望臧健和。臧健和是个热情的人，无论哪个朋友有了困难，她都会尽力帮忙；无论是哪个朋友来她家里，她都会热情招待。更何况这是朋友来看望自己，臧健和很感动。虽然腰伤还没有好，但是臧健和还是亲自下厨给朋友包了饺子。因为臧健和觉得，饺子是最能表达主人的热情和心意的，小小的饺子表达出了自己对朋友的感情。无论做什么，都没有饺子能代表自己的心意。和面、调馅儿、擀皮儿，然后一个一个包出来，都包含着自己的心意。只有用心做出来的东西，才是美味的，才是有感情的。

朋友看着臧健和做饺子的这一系列过程，觉得臧健和太熟练了。做得很专业。当热气腾腾的饺子出锅时，光闻那个饺子的香味儿，都让人口水直流。吃着臧健和亲手做的饺子，让人不禁拍案叫绝。朋友开玩笑似的说了一句："你做的饺子那么好吃，就卖饺子好了！"

成功没有偶然的，但成功的契机往往是偶然的。

臧健和的偶然来了，她能顺利抓住吗？

臧健和似乎在黑暗中看到一丝曙光，是啊，可以卖饺子啊，一语惊醒梦中人。臧健和心想，自己从小喜欢做饺子，喜欢和面，喜欢做饭。大家都说自己做的饺子很好吃，有特别的味道。干嘛不做自己既喜欢又擅长的事情呢？更何况卖饺子很自由，可以随自己的心意。身体不好了，就收摊；身体好了，就出摊。

记得在青岛的时候，人人都知道她做的饺子好吃，人人都爱到她家吃饺子。无论什么面，到她手里都能和出最劲道的感觉，无论什么菜，她都能调出最美味的饺子馅儿。以前怎么没想到，自己可以卖水饺呢？

她的这一手，真的是太熟练了。埋藏在心中揉面包饺子的渴望又浮现出来了，仿佛一下子她就看清楚了自己的爱好，看清楚了前方的道路。

朋友见她热情上来了，就说：“虽然你的技术绝对没问题，可是这饺子在香港不见得受欢迎啊。你想，青岛人爱吃饺子，做饺子生意不错。但是香港人并不见得就爱吃饺子。而且摆摊也不容易的，需要办理各种登记，资金也是一个问题。”

朋友的提醒非常重要，在这个世界上，由于水土不服的原因，已经成为品牌的东西失败的例子举不胜举。

可是臧健和的热情一上来，大脑里立刻开始分析可行性。因为她实在是太喜欢饺子了。小时候想自己包饺子，一直被妈妈拦着，所以内心对饺子有着常人难以理解的热情和渴望。可是现在有了这个机会，她的心一下就热起来了，恨不得立刻就开始！虽然朋友从经商方面分析出了一些问题，可是她觉得这个问题并不大。因为她对自己的饺子有信心，就算香港人一时难以接受这个新生事物，但是时间久了大家一定会喜欢上的！因为饺子本来就是个好东西嘛！她想起吃过她饺子的人对她的评价，还有大家吃饺子时开心的样了，心里一下子就充满了信心和干劲，她觉得自己能行！

朋友一句看来没有多大意义的话，一句只是对美味东西赞美的话，却一下点醒了臧健和。记得小时候，臧健和对吃饭总是很挑。倒不是说臧健和挑食，而是对味道的挑剔，每吃妈妈做的饭，她都会自己琢磨着，如果让自己做会是什么味道，应该放什么调料，用什么火候。对于臧健和来讲，每一顿都仿佛是一次品味的机会，虽然那个年代人们的食物有限，可是臧健和还是品味重于充饥。这仿佛是天生的一种特性，一种下意识的行为。吃到嘴里她就会咂摸味道，她会想这饭里缺了什么，再加点儿什么味道会更好。如果我来做的话，应该用什么，做出来之后应该是什么味道。

多糟糕的原料到她这里都将会变成一桌丰盛的宴席。她仿佛是一个点石成金的高手，把别人眼里不值一提的东西通过藏着魔法的双手，变成美味。她想尝遍所有美味的东西，然后把这些变成属于自己味道的东西，让大家品尝。她特别喜欢看到人们吃自己东西时，那种开心满足的样子。她的心里也觉得非常的满足。

这么多年来，她从小孩变成大人，从一直跟妈妈在一起，到结婚，然后又有了可爱的女儿。她在人生的舞台上扮演了各种角色，唯独忘了自己从小就喜欢的事情——做饭。她喜欢的面团、喜欢的饺子，都被自己遗忘了。

朋友的这句话突然让臧健和觉得，自己生命中非常重要的东西自己又找回来了！她的心中充满了失而复得的欣喜，以及即将大干一场的干劲！

臧健和开始思考卖水饺需要的东西。首先，租店面需要很多资金，自己是完全没有办法承受的。为这个问题臧健和苦恼了很久。朋友看她实在热情很高，就想办法说："你可以摆个饺子摊，这样只需要一个小车就可以了，在人多的地方摆上完全不用花钱。"

臧健和听了朋友的话，非常开心。卖水饺的最大阻碍解决了，她觉得自己距离做水饺又近了一步。然后她开始和朋友讨论在哪里摆摊比较合适，价格定在多少比较合适，等等。朋友看她真的是志在必行了，就说：你再好好想想吧，做水饺真的不一定赚钱。很多人也曾想过做水饺，最后都失败了以赔钱告终。香港人不爱吃饺子，这是费力又不赚钱的事情。

臧健和自己到一些摊点考察了一番，发现朋友说得不错。确实有不少饺子摊，他们大多生意惨淡，红火的简直没有，有的甚至还面临关门，无法经营下去了。看到这些，臧健和的心里有点儿担心，可是很快就被热情所取代。她心里有个声音，一定要做饺子，她一定要香港人民吃上最美味、最好吃的水饺，她一定要成功！

一个人的成功绝不是偶然的。每件事情的结果都有着千丝万缕的内在原因。臧健和从小喜欢做饺子，对饺子又有着异于常人的热爱以及天赋。一件事情的成功，很大程度上源于一个人的天赋、兴趣和后天努力。臧健和这些都具备了，她有着很敏锐的味觉，无论什么东西，只要她一尝心里就立刻有了形象的感悟，就能想象出那个复杂的操作过程，并且能琢磨出怎样做味道可以更加鲜美。同时她渴望做饺子，又是一个特别能够吃苦的人。人都是这样，喜欢做的事情即使身体再累，心里都是快乐的、幸福的。再轻松的事情，如果打心眼里讨厌，也会觉得特别劳累，因为心累了。心累比身体累，是更深程度上的累。

每每想到人们吃自己做的饺子那种开心的样子，臧健和就觉得心里充满了力量，幸福就洋溢在脸上。自己的手艺能给人们带来美妙的享受，这就是臧健和觉得最快乐的事情，即使再累都没关系，因为心里是甜的。

饺子也被称为骄子，早在三国时期，魏张揖所著的《广雅》一书中，就提到这种食品。据考证：它是由南北朝至唐朝时期的“偃月形馄饨”和南宋时的“燥肉双下角子”发展而来的，距今已有1400多年的历史了。“每年初一，无论贫富贵贱，皆以白面做饺食之，谓之煮饽饽，举国皆然，无不同也。富贵之家，暗以金银小锞藏之饽饽中，以卜顺利，家人食得者，则终岁大吉。”这说明新春佳节人们吃饺子，寓意吉利，以示辞旧迎新。清朝有关史料记载说：“元旦子时，盛馔同离，如食扁食，名角子，取其更岁交子之义。”

近人徐珂编的《清稗类钞》中说：“中有馅，或谓之粉角——而蒸食煎食皆可，以水煮之而有汤叫做水饺。”千百年来，饺子作为贺岁食品，受到人们喜爱，相沿成习，流传至今。

饺子，这种有着深厚历史渊源的食品，这种凝结着中国人民智慧和感情的美味，在食品市场“江湖险恶”的新地香港，会为臧健和带来成功的喜悦吗？

臧健和被一种热情所感染着，一有时间她就跑到街上看别人怎么摆摊、怎么做生意的。之前她从未做过生意，家里也没有经商的，所以卖饺子对她来说，完全是一片空白。她相信自己做的水饺绝对是美味的，可是她不知道怎么叫卖，不知道怎么吸引顾客，更不知道怎么把水饺送到顾客手上。这是个很大的问题，她去街上看别人摆摊考察的就是这个，学习别人怎样跟顾客交流，不同的顾客需要注意什么，不同的顾客区别在那里。

她把自己看到的、想到的，都记到一个小本上面。晚上睡不着的时候，就拿出来看一看。虽然还没有摆摊，但是她已经想了以后会遇到的各种问题，出现的各种情况。她还在想，谁会是自己的第一位顾客呢？她要怎么样卖出第一碗水饺？顾客会喜欢自己的水饺吗？她能做好小贩吗？总是带着这样的问题，不知不觉地进入梦乡。

王馨平演唱过一首歌《着迷》：

所有你的东西令我深着迷

虽力竭更声嘶

呼喊着你美丽名字极执迷

情人每天

谈和笑每一种姿势每一个动静

一再思一再想总没法可冲洗

愿尽去放开一切堕入爱火中

对与错也要爱过我怕再控制是那么着迷

所有你的东西令我深着迷

虽力竭更声嘶

此时的臧健和像充满了气体的气球，想停都停不下来，为了水饺，这种她钟爱的食品，为了她的理想，她已经到了着迷的程度。

真正原创——手推车

只有今天才是我们生命中最重要的一天，只有今天才是我们生命唯一可以把握的一天，只有今天才是我们唯一可以用来超越对手、超越自己的一天。不要把希望寄托在明天，希望永远都在今天，希望就在现在，立即行动，只有行动，才会让我们不断超越对手，超越自己。臧健和浑身充满了力量。

别的事情都想好了，接下来就需要一个手推车了。她去市场看了看，一个手推车需要不少钱，而且她观察了一下感觉自己也能做。人在面对自己特别感兴趣的事情时，能力是十分巨大的。臧健和就是这样，她为了自己的水饺事业，开始了一项对自己来说从未有过的伟大工程。她要自己动手做一辆手推车。要想结果变得更好，先让行为变得更好；要想行为变得更好，先让态度变得更好！要想态度变得更好，先让信念变得更好；要想信念变得更好，先让自己选择更好的自我期望。在自己心目当中，你认为自己是什么时候，最终你就会是什么时候。对此，臧健和深信不疑。

所谓巧妇难为无米之炊，手推车需要很多木料。为了这个梦想的手推车，她只好跑到垃圾堆里去拣木材，然后挑对自己有用的带回家。有的好心人看到臧健和这么辛苦，就支援给她木材。经过一段时间的努力，木材终于积攒得差不多了。她就一个人在家里做手推车。由于没有做过，这个手推车做得很艰难，不知道怎么做的地方她就跑去问人。不管怎么说，终于还是做好了。

看着自己的手推车，虽然没有很漂亮，甚至可以说是粗糙。但是她怎么看怎么顺眼，怎么看怎么喜欢。臧健和的内心无比激动。这将是她以后的谋生工具，有了它，自己就可以把自己的水饺贡献给大家，贡献给香港。而且在她需要帮助的时候，好心人对她伸出了援手，她永远都不会忘记。她要带着这份感动和温暖，把自己的水饺送到千家万户。

一个人创业是很困难的，在别人看来很简单的事情，自己都要一点一滴的做，都是了不起的大事。臧健和又是一个女人，女人本来在体力上就要比男人差很多，所以做手推车这样的事情对她来说真的是很大的事情。成功以后的那种满足感，就可想而知了。

在手推车做好之后，臧健和的信心就更大了。这个困难她都解决了，还有什么攻克不了的呢？

其实在臧健和做这些的时候，她已经忘记了自己刚受伤不久，自己还是个糖尿病病人，刚出院13天。但是她的心里一直有一种激情，她的两个女儿和在青岛的妈妈激励着她创业。她知道，没有女儿们和妈妈，她就没有这种干劲，就没有她在香港的坚持。她要做事，她要成功，因为这股干劲和激情，她忘记了身上的伤痛。她在心里盘算好了，她先做小贩，等摆了摊，积累了一定的资金，她一定要开一间水饺店，属于自己的水饺店！

臧健和属于执著一念的创业者。或许，正是因为她的这种执拗，成就了她的王国。

有人劝过臧健和，说她才30岁出头，何必这么辛苦呢？创业没你想象得那么容易，处处是困难。对于漂亮女人来说可以走的路有很多，可是臧健和偏偏走了一条最困难、最艰辛的道路。是臧健和傻吗？不是。她只是觉得，自己除了养活女儿们，她还要教育好女儿。她要给她们做好榜样，让她们走上正确的人生道路。如果自己都走上了邪路，那让女儿怎么办呢？用臧健和的话说，在香港这个花花世界里，一个人走歪，三个人走斜。所以，她选择了这条艰难的创业路，虽然难走，但却是一条踏实而正确的路。在这条路上，女儿们会学习妈妈，以妈妈为榜样，才会成为有益于社会的人。

后来，臧健和以自己的亲身体会，对那些结过婚有孩子，但生活出现诸多问题的女人们说："绝不能自暴自弃，必须坚强起来。选择自己要走的路才能稳定孩子的情绪，让孩子更加懂事，从而能够好好地教导他们，否则孩子不但得不到良好的教育，大好家庭更会就此完结。把孩子带到世上来，怎样把他们教育成人是我们的责任，不然，根本不应该把他们带来这世界。虽然母兼父职是件辛苦的事情，但亦不能低下头来。"

卖出第一份水饺

20世纪70年代末、80年代初的香港，地铁没开通，轮渡仍然是人们出行的主要交通方式。从九龙到港岛，上岸的地方叫做湾仔码头。每天，在码头上等候摆渡的人群川流不息，各式各样的小摊更是随处可见。很多小摊汇集在这里，叫卖声此起彼伏。在一片此起彼伏的叫卖声中，臧健和的创业故事就从这里开始。

臧健和再三思考，决定到湾仔码头卖家传的北方水饺。第一次做小贩，对于一个30多岁的人来讲是很难跨越的一步。臧健和从青岛过去，从未在街上叫卖过，甚至很少听过别人叫卖。1977年，中国社会刚开始解冻，商品经济刚刚露出苗头，可那时臧健和就离开了。之前她的工作是护士，所以在她生活的30年里，小贩这个词对她来讲，是完全陌生的。

可是现在，她必须要做小贩，这对于她来说是一次历史性的跨越。走出这一步，她就可以开始创业了。她现在要做的，就是跨过这个坎，走出第一步。

在美国热销的一本书《财富第五波》讲了社会发展的五次革命及由此带来的财富。书中说，财富的第一波是农业革命，第二波是工业革命，第三波是销售革命，第四波是信息革命，第五波是健康革命。

具体而言，财富第一波：80年代初，当个体户就赚钱；

财富第二波：80代代末，股票市场。当时的股票认购证让一部分有胆识的人一夜暴富；

财富第三波：房地产行业时代；

财富第四波： IT行业。当时做个网站就赚钱；

财富第五波：健康产业。美国的经济学家预计，2010年，美国健康产业将发生1万亿美金的收益。

财富第六波：在家创业。

对于70年代末、80年代初创业的臧健和来说，从时间上，当然是较早的，她赶上了当个体户就能赚钱的“潮流”，尽管当时的她并不知道。

臧健和永远记得她第一次摆摊的场景，站在人来人往的湾仔码头，看着来来往往的人，她的心里充满了不安、忐忑还有羞涩。她站在自己的摊子前，不停地望着四周，一副不知所措的样子。她很想像其他小贩一样，大声地叫卖，她试着喊“卖饺子”，可是张了张嘴，却发不出声音。这让我们想起作家路遥的《人生》中，高加林受母亲“指派”卖馒头的情形。当他憋得面红耳赤也吆喝不出来、若不是跟踪的巧珍及时上前替他叫卖，恐怕他的馒头就会长毛了。在当时，由一个体面的护士一下子到卖水饺的小贩的臧健和，要想让她一开始即能充满底气地招徕生意，实在太难为了她。

无奈之下，她只好等着顾客自己上门了。一边手忙脚乱地生好炉子，摆好面板，然后麻利地包着，等待着有人光顾。等待着有人过来问她卖的是什么，等待着有人来打破僵局。臧健和心想，只要卖出去一份就好了吧，就会有更多的人过来。如果有人能来买她的第一份水饺，她将会是多么感激啊！

喧闹的湾仔码头上出现了这么一幕：一个30多岁的漂亮女人站在一辆木头车前，低着头熟练地包着饺子，却不敢抬起头来叫卖，七八岁的小女孩一下一下认真地擀着饺子皮，4岁左右的小女孩在旁边用稚嫩的小手洗碗，洗碗的大木桶几乎和她一样大，她的小身子探进了大木桶里，只留着两只小辫一翘一翘的。

就这样，臧健和一边包着饺子，一边想象着。突然就来了5个学生模样的年轻人。臧健和永远记得，这是4男1女，应该是刚打完网球，都满头大汗的。5个中学生看到这个新设的“北京水饺”摊，两个可爱的小孩子在帮妈妈干活，他们觉得好奇，便要上了一碗。臧健和赶快安排他们坐下，心里充满了对他们的感激。此时此刻，臧健和觉得这几个孩子是那么可爱，他们简直是自己的救星。

小心地为他们盛上了一碗，臧健和很紧张，生怕自己做的饺子对不起这几个等着吃饺子的年轻人。这是她的第一拨客人，是她小贩生涯的第一拨鼓励和支持者，是帮助她的人。

两个小女儿停下手中的活呆呆地望着这些小哥哥、小姐姐们。几个人开始吃起来。臧健和心里不安地看着他们吃，不知道自己煮的饺子他们喜不喜欢，合不合他们胃口。她只希望这几个年轻人说一句话，只要这一句话她就有信心继续做下去。这句话对她来说就是定海神针。

终于，他们说话了。吃了几口，他们便叽里哇啦地叫起来，男孩们说："真好吃。"女孩说："好好美！"臧健和悬着的心落了下来，仿佛是收到了成功的信号，臧健和激动的眼泪不禁流下来。他们说自己的水饺好吃，他们赞扬了她。每个孩子甚至又都要了一碗。从他们满意的表情中她又找回了那份久违的自信。

有时候人就是这样，渴望听到别人肯定的话语。一句赞扬的话，可能给人巨大的力量。很多人都是因为别人的一句赞扬，而成功的，而改变命运的。臧健和太激动了，激动得不知道该说些什么。

虽然不知道这几个年轻人的名字，但臧健和心里对他们充满了感激。他们帮助了她，帮助她从护士转换到小贩，帮助她实现了人生中最重要的一次跨越。她永远记得他们。

后来臧健和告诉记者说："跟你讲不是现在，12年前就有报纸，香港的大报纸就在帮我做着寻人广告了，可是香港是一个移民城市，一个非常国际化的城市，所以香港的人的流动性很大，我直到现在还没找到他们，我在那里想你们真的不知道当年你们那时候吼的那一声会给我今后的事业是一个坚实的基础，让我非常有信心地走下去。”

她觉得上天太厚爱自己了。自己从小喜欢做饺子，现在终于如愿以偿地可以每天做水饺给大家吃。虽然从没有做过小贩，可是第一次卖水饺就得到了肯定和鼓励，上苍让她遇到了生命中对她很重要的5个人。她是个知恩图报的人，上天的恩赐她一定会好好回报。这坚定了她做好一个小贩的信念，以后无论遇到什么困难，多少障碍，她都要一步一脚印，坚定地走下去。她一定要把水饺做得更好吃，让更多的人吃到这美味的水饺，让更多的人喜欢它。

饺子，是臧健和家传的手艺。但这并不单单是她们母女二人的手艺，而是属于大家的。她要把自己对饺子的理解告诉每一个人。饺子是中国人的文化，一种重要的饮食文化。饺子，从来就不单单是饺子，就像臧健和后来说的那样：“饺子是民间传统的美食，北方人没有一个不懂得包饺子，只是包的口味和手法不一样罢了。北方人过年必吃饺子，踏入子夜十二时，形状像元宝的饺子在滚水中滚起来的样子，象征着财源滚滚来。而水饺内藏有莲子、桂圆、红枣、花生等等，吃到什么都寓意着来年有好的运气。一切都是有文化，有讲究的。”

在臧健和的心里，中国的饺子，是非常富有寓意的美食。这么好的东西，本来就不应该是默默无闻的。应该让大家都吃到它，让大家都喜欢它。她就是要为饺子做代言，她就是要为饺子翻身。

就这样，带着这样的目标，臧健和的水饺之路开始了。

从此，臧健和每天五点左右就到菜市场上买菜，回来洗干净做馅儿，然后调馅儿。一切准备妥当，再到湾仔码头生火包饺子。一直干到晚上12点，当最后一班轮渡靠岸以后，她才收拾东西回家。

开始的一段日子，给臧健和留下最深最多记忆的都是与苦难有关。不管刮风下雨，两个女儿每天都来摊上帮妈妈干活，10岁的大女儿和面，6岁的小女儿洗碗，小女儿还没有洗碗的木桶高，洗碗时她整个身子都探进桶里了，冬天海风一吹，孩子的两只小胳膊冻得通红，手上裂着口，但懂事的孩子从不抱怨。

经过一番努力，臧健和母女们忙碌的小摊成为湾仔码头上一道动人的风景。

从摆摊开始，臧健和就以严谨认真的态度来做事，她按护士的职业习惯来保持食品和器皿的清洁卫生，家中每天都用消毒水、漂白水清洁。

“我做的水饺卖给顾客，就要像对我自己的朋友、亲戚那样，让他们吃得卫生、开心，他们才会再回来。”这种朴素的质量意识很快为臧健和揽了一批回头客。但她发现这些顾客大多是北方人，土生土长的香港人与广东人很少，原因是她的水饺太正宗了，皮厚、味浓、馅咸、肥腻。细心的臧健和主动征求顾客的意见后自己动手改良，反复研究馅的配方和皮的擀制，她在自己的配方上，把肥肉与瘦肉之比由五比五改成三比七，提高瘦肉比例使馅的味道鲜而不腻，同时把厚皮也研制成爽滑的薄皮，终于得到了香港人的认可，拓宽了销路，为越来越多的人所接受；不仅码头上卖得好，也进了写字楼、酒店等高档场所。

臧健和的生意也越来越火，她和两个女儿在湾仔码头的身影很快就成了一道美丽而又独特的风景。在人来人往、人声嘈杂的湾仔码头有这样一幅场景：臧健和在飞快地包着水饺，10岁的蓓蓓也在旁边帮忙，一边卖饺子，6岁的蓬蓬刚高过水桶，就帮着洗碗。

很多人都是因为这一幕场景，才驻足在摊子前，坐下来吃一碗饺子。没想到，这一吃就上了瘾。从此就迷上了臧健和的水饺。臧健和吸引的全是回头客，而且这些回头客又将她的饺子一传十、十传百地宣传出去。于是就有越来越多的人知道了水饺，知道了臧健和。大家都亲热地叫她——臧姑娘。

母女同心，其利断金

俗话说：穷人的孩子早当家。臧健和就是这样的，从小没有爸爸，跟妈妈相依为命。臧健和很早慧，少时的臧健和无论在学校遇到了什么，都能安慰自己，调节好自己的心态，努力不往心里去，以一种积极的心态面对一切。因为家里成分不好，所以有时候在班上别的同学能够参与的活动，她不能参与。别的同学背地里对她家的事情说三道四，甚至是辱骂她，她都装作没听见，任别人说去。自己该做什么做什么，也不会把这些事情带回家去，从来不会告诉妈妈自己的委屈。

因为她知道如果告诉了妈妈，也解决不了什么问题，只能让妈妈跟着难过。她一直记得，有次因为班上的同学欺负自己，骂出的话很难听，明显对她歧视。她实在气不过，就挥拳打了对方，打得他鼻青脸肿。虽然臧健和脾气很好，但这并不代表可以任人欺辱。后来那位同学的家长找上门了，对妈妈大吵大闹，虽然是他有错在先，可是妈妈还是向人家赔不是，不停地道歉，后来还带着她登门道歉。

这件事情，臧健和一直记得。从那以后，无论别人说什么，臧健和都忍着。只为了不让妈妈为了自己，再向别人低头道歉。她知道，自己的反抗，只能给妈妈带来更大的麻烦。她也懂得，妈妈是不得不忍啊。身为一个没有丈夫的女人，没有依靠，只能忍耐。她为自己的年少气盛而悔恨。虽然气是出了，但妈妈给人家赔礼道歉的样子一直在臧健和脑海里浮现，令她无论何时想到都觉得心痛。事实上，忍耐比反抗更困难，更需要意志力的。

从那以后，臧健和更加懂事了，更加学会了忍耐和宽容，分担和理解。这个世界在某种程度上是公平的，你失去了一些东西就会得到一些东西。虽然臧健和一出生就失去了很多东西，但是上天同时也将积极的元素注入到了她的细胞之中，促使她最后的成功。

和臧健和小时候一样，她的女儿蓬蓬和蓓蓓也是早慧的孩子。在臧健和兼三份工作的时候，已经上学的蓓蓓就经常帮她做很多事情，默默地替她分忧，虽然只有8岁，却像个小大人一样。

后来臧健和摆了饺子摊以后，4岁的蓬蓬和8岁的蓓蓓就经常来帮她。因为蓓蓓已经上学了，常常是放了学来帮妈妈。书包里装的都是干活穿的衣服，脱下校服换上干活的衣服，就开始帮妈妈干活。蓬蓬虽然年龄还小，不能帮妈妈很多，但是她可以帮妈妈卖饺子、洗碗、放哨。由于臧健和是无证小贩，香港政府不给熟食小贩发营业执照，所以臧健和只得提心吊胆地干着活，时时刻刻都担心着警察过来。若是被抓，那几天就白干了。可是，推着一锅热水的车子，警察来了也很难快速逃跑。蓬蓬很机灵，于是自告奋勇地帮妈妈放哨。她在妈妈水饺摊的四周，机警地帮着妈妈放哨，一旦看到警察远远地走来，她立刻给妈妈发信号，这样妈妈就可以收拾东西迅速跑掉。

所以女儿们总是很怕警察。虽然书上说，警察叔叔是为民众服务的，可蓬蓬、蓓蓓看到警察就跑。看到妈妈没有被抓，女儿们心里才踏实下来。帮完妈妈以后，蓓蓓就在汽车灯下写作业。

蓬蓬虽然很小，但是放哨的时候总是特别机灵。一看到小贩管理队的车开过来，或者是警察过来，她就像是发现了敌情般，立刻通知妈妈快跑。等警察走了以后，再重新摆摊，跟打游击战似的。

后来臧健和说，其实在摆摊的时候，她也被抓过几次。她说："他们抓了我，要上法庭。法官问我认不认罪，我心想：我有什么罪？我只是一个妈妈，要养活子女，我又不懂说广东话，没有人肯让我做工，才当小贩的。我根本就无罪。"

这一天，蓬蓬在一个报摊前看到了一只小白狗。小白狗样子非常可爱，蓬蓬毕竟是小孩子心性，注意力很快就被小白狗吸引走了。然是她又想到了自己的职责，于是只好一边看着小白狗，一边继续放哨。但没一会儿就忘了放哨的事情，开始和小白狗玩耍起来。就在这个时候，警察和管理队的人过来了，可是蓬蓬因为和小白狗玩得正高兴，就没有看到。这个时候，臧健和正和蓓蓓忙着包饺子、烧火、卖饺子，哪里想到，放哨者没有尽职尽责。正当她们忙得不可开交时，一抬头，警察已经站在她们眼前了。臧健和顿时愣了，她看着警察脸上尽是无奈。已经没有机会跑掉了。她知道无照经营是违法的，会被抓起来，并且罚款。蓓蓓看着妈妈，脸上写满了惊恐。

臧健和知道这次是逃不掉了，只能无奈地准备受罚。就在这时候，和小狗玩得正开心的蓬蓬看到了这边混乱的人群。看到了警察在妈妈身边讲什么。蓬蓬一下子想到了自己的责任，已经答应给妈妈放哨了，就应该好好完成，怎么可以做别的事情呢？她知道自己犯错了，看到警察叔叔和妈妈在一起，她立刻跑了过去。

蓬蓬一边跑着，一边想着，怎么跟妈妈承认错误。她觉得妈妈是冤枉的，是自己没有尽好职责。当她来到妈妈身边时，看到妈妈一脸无奈的表情，姐姐已经哭了，她也忍不住哇哇大哭。边哭边说，都是我的错。她拉住警察的衣角，眼泪汪汪地说："警察叔叔，不要带走我妈妈吧，都是蓬蓬的错。不怪妈妈，都是蓬蓬的错。"蓬蓬的哭声很具有感染力，蓓蓓也大声哭起来，两个孩子怕警察带走妈妈，拉着警察的衣角，哭得惊心动魄。

看着女儿们，臧健和再也无法维持冷静和坚强，她也不禁抱着两个女儿哭起来。臧健和从未在人群面前哭过，可是这次两个女儿的哭声，像针一样扎得她的心一阵阵地疼。

她看着两个女儿，觉得很对不起她们。都是自己没有能力，不能给她们幸福的童年。多么懂事可爱的孩子啊！却要跟着她受苦。内心的自责和愧疚像山一样压得她喘不过气，泪水哗哗地掉，怎么都止不住。

孩子们一看坚强的妈妈都哭了，哭得更厉害了。一直以来妈妈都是她们的天，再大的事都不会哭。可是这次坚强的妈妈也哭了，可见这件事情很严重。她们觉得很恐惧，妈妈的眼泪让她们觉得害怕。母女三个哭成一团。

周围的人被这一幕感染了，许多人围了上来，满眼都是同情。很多人都被感动得流下了眼泪。亚当桑德勒说：“感动就是生活。”在这个世界上，最大的真实就是感动。

警察看着她们三个，也流下了感动的泪水。他是执法者，可是这一刻他觉得，情大于天。法律在这人间的真情面前，也是那么苍白无力。

于是他轻轻地对臧健和说：“臧姑娘，你继续做你的生意吧。”这一刻，臧健和愣了。她简直不敢相信自己的耳朵，半晌才反应过来。警察让她继续做生意？她明明违法了，还可以继续做生意？

看到周围人群的喝彩声，看到女儿们破涕为笑的脸，臧健和相信了这一切是真的。看着警察的背影，臧健和觉得一阵暖流从心里流过。

“臧姑娘”

艰难中一天一天过着，值得欣慰的是臧健和的水饺受到越来越多人的喜爱。水饺销路日益看好，“湾仔码头臧姑娘水饺”的名声渐渐地传了开来，臧健和把自己的水饺叫作北京水饺，以表明这是地道的中国水饺。

臧健和包的饺子，和别人的不一样。她从小口味就特别敏锐，特别擅长做吃的。在当小贩以后，臧健和把自己敏锐的味觉充分运用到自己的水饺里，让吃饺子的人感到她的饺子跟别人的不一样，有不一样的东西在里面。她在离开青岛以后到来到香港，经历了很多困难。能够走到今天这一步，跟好心人的帮助也离不开的。所以臧健和在包饺子的时候，总是把自己的感情、对社会的感激放在里面。她包着水饺，就能体会到自己心中的那份爱。她知道，其实每个人的味觉都是很发达的，只是长期吃不到美味的东西，所以慢慢变得迟钝了。

臧健和想让大家的味觉重新体会到美味的东西，让味觉系统重新得到满足。

这就是臧健和跟别人做水饺不一样的地方。她多了感情，多了人文关怀。关怀着吃水饺人的味蕾，关怀着别人的口味。她在调馅儿的时候，总是想着别人吃饺子时候的心情。怎样做口感会更好，再放点儿什么调料，味道会更鲜美。她把自己的心思都放在了研究水饺上面，而不是单纯的赚钱、盈利。所以臧姑娘的水饺一出锅，感觉就跟别人的不一样。

大家都很奇怪，同样是饺子，为什么臧姑娘的就是跟别人味道不一样，而且怎么都模仿不出来这种味道。这是因为臧健和的饺子包含了自己的心意，她没有模仿别人，她表现的是自己的情感，包含着自己对人性的理解和关怀。她的饺子6个1元钱，每天都要买5斤骨头1只鸡，先煮出浓汤，撒上胡椒粉，滴点儿陈醋，吃起来味道很是鲜美。不像是有的商家为了省钱，就降低水饺的品质。臧健和的饺子带着自己鲜明的特色，所以在万千饺子中独树一帜，久而久之，臧健和的饺子卖出了名气。

由于当时臧姑娘的水饺火到让人无法想象的地步，很多人慕名而来。有的报社记者来吃了，就写文章报道，一时间报纸、杂志、电视台等各大小媒体争相报道，《东方日报》的记者则给她加上了“街头水饺皇后”的桂冠，她还成了一家周刊的封面人物，慕名前来的顾客越来越多，有的顾客为了吃上“北京水饺”要排一个半钟头的队才能买到。有人买了水饺自己回家烧，臧健和就又卖起了生水饺。渐渐地，有人来预订，虽然臧健和1分钟能包30个水饺，但小木车的供应早已经不够了。1983年，臧健和花4000元租了一层厂房，开始雇工做水饺，当起了小老板。湾仔码头“北京水饺”的名气越来越响。

很多来吃水饺的人，都会感叹臧姑娘的水饺真是太好吃了。吃一碗不够，还忍不住吃第二碗。臧健和的细心与体贴还有人性关爱都包含在了水饺中，顾客能够感觉出来，这种与众不同的关爱。他们也忍不住开始关爱臧姑娘的“北京水饺”了。

在吃饺子的同时，人们也不禁好奇，臧姑娘整日在码头上忙活，明明是十分辛苦的日子，可是她却很开心，过得有滋有味。她的脸上总是洋溢着笑容，她就没有过什么怨言吗？

臧健和不是不累，不是不辛苦。她的腰伤还会隐隐作痛，她还是糖尿病病人。可是只要做起来水饺，她就完全忘记了这些。看到别人吃饺子时开心的样子，她觉得很满足。而且因为家庭的原因，臧健和从小就是一个特别能忍耐的孩了，是妈妈教会了她宽容和忍耐。

记得妈妈的神情总是那么谦卑，生怕对不起别人。每一个夜晚妈妈都坐在灯下劳作，给别人缝衣服或者洗衣服什么的，从不闲着。可是她从不抱怨，也不对别人发火，更不会怨天尤人。臧健和对妈妈无言的劳作太熟悉了，只要想到妈妈，脑海里就是妈妈默默工作的样子。这给臧健和留下了很深的印象，也影响了臧健和。

其实，臧健和就是一种微笑服务，这种服务直到今天一直被很多企业、很多服务机构所提倡，微笑拉近了与客户的距离，微笑让湾仔码头水饺愈加飘香。

在湾仔码头，臧健和总是最后离开。她是一个爱干净的人，虽然这里不是自己家，也没有人要求她必须打扫卫生。可臧健和总是收拾好自己的东西以后，把码头打扫得干干净净再离开。每当夜幕降临，大家都离开了。臧健和就开始打扫卫生，看到别人的摊位上有垃圾她也要打扫干净，一边打扫，一边总结着今天的事情。体会着顾客吃着自己水饺时候的心情，顿时心里就充满了力量。

当第二天到来，大家来到码头，看到干干净净的码头，心里就觉得很开心。干净的环境总是容易让人心情好起来的。而人们也渐渐更多地认识了臧健和。大家都说，自从臧姑娘来了，湾仔码头比以前干净了许多，也比以前让人觉得温暖了许多。

臧健和为湾仔码头做出了自己的努力，贡献了自己的力量。每当人们享受着她的劳动成果时，臧健和心里就觉得很开心。不知不觉中，她和人们的关系也拉近了不少。越来越多的人认识这个总是最后离开，一定要把码头打扫得干干净净的女人。这个卖“北京水饺”人称臧姑娘的大陆女人，她总是那么漂亮，每天都穿着干净整洁的衣服，又总是那么勤劳。

很多人开始注意到她，人们注视下的臧健和总是那么淡然，不卑不亢，专心做着自己的事情，没有丝毫的矫揉造作或者是扭捏。大家都不明白她是怎么一个人，过去处在怎样的生存环境造就了她现在的性格和气质。她明明是那么优秀，为什么会卖水饺呢？人们不禁对她好奇起来。

其实臧健和的祖上家境很好，所以才遗传了考究、认真的性格。无论在什么样的环境下，她都会吃好，都会穿好，绝不会过得稀里糊涂。这也造就了她在香港一出摊，就有了非凡的表现。

一个人的现在总是连着过去的，臧健和的过去塑造了她的现在。过去是她现在的根源，也是她现在的起点。

爱，起于真心

时光飞逝，一晃臧健和在湾仔码头已经待了半年。臧姑娘的名字也传遍了整个湾仔码头。没有人不知道臧健和，没有人不知道臧姑娘的北京水饺。

臧健和出名了，用现在的话说，她和她的水饺一起“火”了。有人问她，觉得幸福吗？臧健和的回答是：幸福。

臧健和包饺子从来不单单是做食品，她包的是自己的感情和爱。每当做饺子的时候，脑海里总会浮现出各种各样生动的画面。她的脑海里会有各种各样的人出现。俗话说众口难调，有了脑海中的这些生动的人物，她就知道应该怎么包饺子了。仿佛每个人都在给她提建议，仿佛大家都在品尝她的饺子。她觉得很幸福，因为她深深地热爱着做饺子。

同时，也因为臧姑娘的人好，总是为别人着想，无论再晚再辛苦都打扫好码头再回家，她做过护士所以做出来的东西特别注重清洁和卫生，她用的东西没有一样不是一尘不染的，顾客看着又舒服又放心。最重要的是她那美味的饺子和她热情周到的服务，还有她的坚强、宽容的性格，都让人忍不住去尊敬、喜爱。坐在这里吃饭的人，总是觉得很舒服。吃得舒服，喝得舒服，感觉上也很舒服。

所以来这里的顾客都恋着她，恋着她的人，她的水饺。她是那么善解人意，心里装的都是顾客。人们都亲切地喊她臧姑娘。因为臧健和之前做过护士，她从泰国来香港，在泰国护士就被称为姑娘。所以人们臧姑娘长臧姑娘短的喊她，像是叫一个亲人、朋友那般。臧健和也很喜欢这个称呼，因为从这个称呼里，她能感觉到大家对她的爱。同时，这也是促使她更加努力，把水饺做得更美味的动力。只因为她拥有着大家对她的爱。

在小贩中，没有人能得到像臧健和一样的爱。有的顾客吃完水饺，还会自觉地帮她收拾摊子，帮她装盒装带。有的时候大家看她忙不过来，都愿意帮她一手把。虽然是很简单的事情，但在商人和顾客之间，这种场面是很难见到的。当你碰到一个讨厌的商人，就算是再简单的事情，你也不见得会帮他。可是面对臧健和，很多人都愿意帮忙，只是因为大家都爱她。

臧健和把自己对顾客的爱包在水饺里，顾客吃了以后能够感受到，然后又把对臧健和的爱通过帮她这简单的事情来表达出来。一个生意人，能得到这样的爱戴，能把生意做到这个份上，难道不是巨大的成功吗？

虽然说，赚钱是做生意的目的。臧健和最初做水饺，是为了养活全家，为了供女儿上学，让大家过上安稳的日子。可是赚钱并不是唯一的目的。在跟人交流的过程中，她能够收获很多东西。她觉得通过做水饺，得到大家对她的爱，这是比钱更让她开心和满足的事情。心灵的安慰以及感情，这是钱买不到的。

小木屋·水饺皇后

臧健和的水饺越卖越好，有的时候摊位前排起了长龙，顾客要等一个半小时才能买到。正当臧健和的水饺生意做得有声有色时，湾仔码头突然进行改建工程。那是1981年，政府扫荡无牌小贩，码头不允许摆摊了。臧健和无奈，只好在附近的木屋区摆档，继续她的水饺生意。

她还在外面贴了一张纸让人知道她的位置，仍有顾客找上门来。与此同时，臧健和不仅卖熟水饺，还可以卖生水饺。顾客又根据她的告示，到家里买。也许因了北京水饺的味美，也因了臧姑娘这份少见的执著，虽然历经搬迁，湾仔“北京水饺”的名头不仅没有倒，反而越做越大。生意很火，忙得她不可开交。

成功以后的臧健和永远不会忘记这样一幕场景，她的小屋前总是排着长长的买水饺队伍，这在香港简直是奇景。在香港这惜时如金的地方，还有那么多人为了尝到臧姑娘的水饺，宁可排上一个半小时的队，这让臧健和很感动。

在排队的过程中，大家看着臧健和麻利的动作，不由得受到感染。很多人自发地帮她包装，当起了临时包装工。很多顾客买生水饺带回家自己煮来吃，臧健和卖生水饺的灵感就是从这里来的。

其实，臧健和无意间做到了与顾客互动，让顾客在与商家的互动中达到消费的高点。这是即便是现在的商家也极力营造的氛围。

比如，品牌空调、厨具、跑步机等健身器材免费上门保养，拿出奖品征集顾客对商家的意见、建议等，各大百货商家围绕“消费与服务”，一改以往商品大促销的“老套路”，争相推出了颇有新意的个性方案，尽力达成场内场外的互动。

“从顾客的需求看，现在的热点已经从对常规商品的服务，转向更具个性化的领域”。据商家介绍，商家除了借机搞些商品促销外，大多数都采用摆摊咨询接受投诉、为顾客现场小修小补等方式。不少商家除了眼镜免费清洗整形，黄金饰品免费清洗修理，钟表免费校准时间、修理免工费等服务项目外，还将商品服务扩展到大家电、健身器材等，并将服务方式从现场延伸到顾客家中，推出了一系列个性特色服务。

这种刻意“巴结”顾客的行为或者举措，也都是为了形成与顾客的互动。

而这些，臧健和早在几十年前就已经无意间做到了，并且达到了这些商家极力为之也难以达到的境界。

其实臧健和在做小贩的时候，她在青岛的母亲是不知道的。

后来在记者采访臧健和的时候，臧健和说："当时总是有传言，后来传言传到我妈妈耳朵去了，然后又传到了我青岛的亲戚朋友，但可能在青岛我给人的印象是一个不能束缚的人吧，所以我最要好的同学都说，健和能出去做小贩吗？健和能出去做小贩，我把头割下来当球给你们踢，当凳子给你们坐，发下这么毒的誓言。可是说实在的，我真的回去当她问我的时候，我告诉她这是实话的时候，她掉泪了，她想不到，我竟然瞒着她。"

臧健和大陆的老母亲听说自己唯一的女儿在香港流落，千里迢迢赶到了广州，要娘仨去广州见她，母命不可违，臧健和准备第二天去广州。姥姥来了的消息可乐坏了蓓蓓和蓬蓬，晚上两个小姐妹在床上叽叽喳喳小声议论着，过了一会儿她们突然意识到妈妈可能还没睡，大女儿爬到上铺，低声叫了几声："妈妈，妈妈。"臧健和闭着眼睛装作睡觉，两个女儿见妈妈睡着了，便放心大胆地说了起来："咱们这次见了姥姥，不要跟妈妈回来了，香港不如姥姥家好。"

"不行，不能让妈妈自己留在这里，咱们见了姥姥，让姥姥劝妈妈，妈妈也听姥姥的话。"两个人越说越高兴，直到半夜才睡着。

上铺的臧健和却是一夜都没有睡，她何尝不想回家，千难万难都已经挺过来了，如今创业刚刚开始，就这样回去实在不甘心。

在广州，臧健和见到了老母亲，但心里的千言万语却全堵在胸口，多日来的委屈都化作眼泪“噗噗”地掉了下来。最后，老母亲终究没有拗过倔强的女儿，两个小姐妹也只好垂头丧气地乖乖跟着妈妈回到6平方米的小屋，回到了湾仔码头。

后来臧健和的水饺生意越来越火，知道臧姑娘的人越米越多。很多人都慕名而来。一些报馆的记者吃了臧健和的饺子之后，为之倾倒，更被她的坚强和能干所折服。香港是一个崇尚独自创业的地方，是一片自由的沃土。臧健和最初选择来香港发展就是这个原因，没想到她在这里真的得到了很好的发展。臧姑娘带着两个女儿在香港奋斗的故事正是香港社会自由、独立的一面镜子。敏感的新闻记者一下子就抓住了这一点，这是很好鼓励民众的事迹啊。后来开始有记者对她进行专访，报纸的宣传，再加上光顾她这里的美食家很多，她的水饺有了很大的名气。

甚至有人说，臧健和祖上是皇亲国戚，有做水饺的秘方，所以做出来的饺子才这么独特，这么美味。于是更多的人，专程到湾仔码头品尝臧姑娘的水饺，一吃之下，发现“水饺皇后”果然不是浪得虚名。

慢慢地，“水饺皇后”的称呼也慢慢传开了。而《东方日报》的记者是最早给她冠上“街头水饺皇后”称号的。这些宣传和赞扬，是对臧健和的极大肯定。这从另一个角度更加激励臧健和了，人们越是称赞她水饺做得好吃，她越是用心，越是怕辜负了大家对她的赞扬。

每当有一点儿空闲时间，她都尽量跟顾客沟通，问他们饺子好吃不好吃，有没有什么需要提高的。如果顾客点头说好吃，臧健和就很开心；如果顾客提出意见，她就很虚心地接受，立刻拿笔记录下来，心里充满了感激。臧健和觉得，顾客就是上帝，她从心里是真的这样认为，也是这样做的。正因为她的真挚和热情，她的亲和力，感动了顾客，使顾客们有自己在家里吃饺子的感觉。

此时，臧健和的湾仔码头北京水饺已经很有名气了，虽然一天要做十六七个小时，但她并不能挣到很多钱，生意很好的情况下，一个月也就四五千块。但是，臧健和内心是很快乐的，这份开心和满足是金钱不能表述的。

也就是在卖水饺的过程中，臧健和发现了自己的人生价值，发现了自己的目标和方向。同时更体会到了这个世界的美好。一个人，当他发现自己的目标时，无论路途多么遥远，无论道路多么艰辛，他的内心都会是满足的、快乐的。同时，很多深藏的潜力也会发掘出来，全身充满了力量地去战斗，披荆斩棘，直到达到目标。

臧健和发现了自己生命中最重要的目标，找到了自己的舞台。吃过她包的水饺的人们，忍不住赞美道："怎么会有这样好吃的水饺啊，太美妙了。"

"怎么做出来的呢？如果能够天天吃该有多幸福啊。"

臧健和自己也坦白说："若说水饺，我认第二，没人敢认第一。"

这句话从另一方面理解就是，没有人在水饺上能用我这么大的心思。我包饺子用的是真心，而饺子就是我的生命我的真心。

可别误会，这就是臧健和的骄傲，而是体现了她充分的自信。是的，只有努力，才能有真正的自信。

第五章 水饺女皇

天赐良机

一个人的成功，不仅要靠个人努力，另外还需要机遇。很多人，奋斗了一辈子，辛苦了一辈子，最后还是失败。不是因为他们没有尽力，而是因为没有碰到好时候，好的机遇。有的人碰到了机遇，最后还是没有成功。这是因为他们没有好好地抓住时机、把握机遇。臧健和最后成功了，她把中国的水饺摆上了全世界的餐桌，她把中国水饺发扬光大，她把水饺的内涵和文化深刻地诠释给了喜欢中国饮食的人们，让大家更好地了解和认识水饺这种美食。

1978年，臧健和遇到了事业发展的转折点。湾仔码头进行改建时，臧健和想改变生意策略扩大经营，但那时她没有太多的资金开铺子，又觉得不抓住机会实在太可惜。刚巧香港特区政府要拆迁她居住的木屋，补偿了她 3 万多元钱。这笔资金对臧健和来说，无疑是雪中送炭，使她有了扩大经营的条件。从此之后，她的水饺一路畅销，势不可挡。

虽然臧健和的水饺已经很有名了，但是她认为没有最好，只有更好。所以她总是埋头钻研自己的水饺，却不知道自己的水饺打动了一个12岁女孩的胃。这个女儿的父亲恰好是日资百货公司的老板。她更不知道，这是她人生中一个重要的机遇，是她事业的重要转折点。

无巧不成书，有时候命运就是这么让人意外。臧健和曾经也觉得命运不公，自己遇到那么多的困难，那么多的不如意。可是现在，上天好像又开始眷顾她了，好像是要把之前亏欠她的，全部补偿回来一样。

那是在一个日本人开的宴会上，臧健和在日本的表姐带去了臧健和的北京水饺。日资公司老板12岁的女儿平日特别挑食，饭量也特别小，无论吃什么都跟小猫似的，只尝一点点。当她看到臧健和的水饺，白白胖胖的水饺安静地躺在盘子里，散发着诱人的香味，让人忍不住去品尝。因为从来没见过这种东西，还是孩子心性的她急忙问旁边的人这是什么，应该怎么吃。

表姐赶忙给她解释说，这是北京水饺，在香港很有名的。小姑娘满怀好奇地尝了一个，没想到竟然胃口大开，一口气吃下了25个。这震撼了日资公司的老板，这么挑食的女儿都能吃下25个，足以说明这北京水饺是多么美味，若是推广开来，将会带来怎样的市场效果，赢得多么巨大的利润。

头脑精明又富于生意眼光的日资老板一下子就动心了，想要见见臧健和。

当表姐把这件事情告诉臧健和的时候，她吃了一惊。没有想到命运之神竟然这样眷顾她。她知道这是个很重要的机会，如果能够打入日资超市，她的水饺就可以走进千家万户，她的潜能就可以更大的挖掘出来，她对水饺的认识和理解就可以让更多的人知道。那么，她的梦想，就前进了一大步。

这让人不由想起“认证”这个词。“认证”这个词，在前几年大家还比较陌生，但现在已日益成为企业关注的热门话题。认证，按照国际标准化组织（ISO）和国际电工委员会（IEC）的定义，是指由国家认可的认证机构证明一个组织的产品、服务、管理体系符合相关标准、技术规范（TS）或其强制性要求的合格评定活动。

有关调查表明，因“认证”壁垒每年给我国企业造成的经济损失逾200亿美元。一个企业产品，通不过一个国家和地区的认证，就不能进入该国市场，简言之，认证就是产品进入国际市场的“通行证”。从最早的ISO9000质量管理体系“认证”，到欧盟的CE、ROHS、WEEE等环保、安全方面的系列指令，直到现在更高层次的SA8000、OHSAS18000等社会责任和道德性“认证”，“认证”的科技含量和进入门槛在不断提高。

正因为看到了“认证”的重要性，我国不少地方政府及时作出了加快外贸出口提质转型的战略部署，出台了关于推进开放型经济提升发展的若干政策意见，就进一步优化结构、转变外贸增长方式，出台财政奖励政策。对当年通过国际市场专业认证的企业，每一认证都实行奖励，获得认证的企业，奖励更多。一句话，想方设法消除企业积极认证的心理障碍，激发它们的认证热情。

而现在，企业都知道了认证的重要意义了：它可以指导消费者选购满意的商品，可以给销售者带来信誉和更多的利润，可以帮助生产企业建立健全存效的质量体系，可以为企业节约大量检验费用，是国家提高产品质量的重要手段，是国家保护消费者人身安全和健康的有效手段可以帮助企业提高产品在国际市场上的竞争能力。

对于臧健和和她的“湾仔码头”来讲，这个不同寻常的认证来了——它就是一个12岁女孩子的胃口，是来自日资卖场的认可。

这可是一个千载难逢的好机会。

由于一直忙于生意，臧健和在穿戴上已经不太注意了。可是这次，她细致认真地打扮了一下自己，穿上了自己最好看的衣服，还化了淡淡的妆。她一定要给日资老板留下一个美好的印象。要让她知道，自己虽然只是一个做水饺的，只是一个小贩，但她是一个细致、考究的人。而且她认为，一个人把自己打扮得漂亮，也是热爱生活的表现，同时也是对别人的尊重。收拾完毕，臧健和就带着她的北京水饺，怀揣着对未来的美好期望，去赴日资老板的约。

在表姐的引导下，臧健和与日资老板进行了简单的交流。然后日资老板提出要参观臧健和的工厂。臧健和一下子就愣住了，这完全是在她意料之外的事情。我的工厂？我哪里有工厂呢？我只是一个卖水饺的小贩，难道他不知道吗？

臧健和尴尬地看着表姐，满心疑惑。表姐却一个劲儿地向她使眼色，聪明的臧健和立刻明白了。表姐一定是为了提高自己的身份和地位，好促成他们的合作。

虽然心里很感激表姐这样做，但是她的内心告诉自己，不能这么做。她要说实话。

于是她坦然告诉日方老板：我是一个做水饺的小贩，并没有工厂。

日资老板很诧异地盯着臧健和看了半天。小贩？小贩能做出这么好吃的东西吗？他愣住了，半天没有回过来神。

谈判到此结束。跟一个小贩谈合作，对日资老板来说，这是从未有过的事情。他的心里完全没底。

表姐很生气。回到家以后，不停地数落臧健和。她没想到臧健和竟然会这么傻，她觉得臧健和的水饺已经获得大家认可，只是因为资金不够，没有证件，所以才没有开工厂。一旦开了工厂，收入绝对客观。先稳住日资老板参观工厂的事情，到时候找个借口推脱过去就行了。干嘛非要说自己是小贩呢？这不是自毁前程啊？这么说，谁愿意跟你合作啊？更何况人家还是日资的大老板。这么好的机会就给白白浪费了，真是太可惜了。

可是臧健和不这么认为。她觉得北京水饺已经被大家认可了，也有了一定的知名度，这是大家对她的肯定。如果自己不珍惜这块牌子，为了打进日资超市就冒充有工厂，可世界上没有包不住的火，没有不透风的墙。一旦谎言被拆穿，到时候连顾客都会瞧不起，更可怕的是会失去顾客们的信任。所谓君子爱财，取之有道，发展事业固然很重要，但是人也必须要有原则，否则信誉丢失了，你的东西就是再好吃，也没有人敢吃了，也没有人愿意支持你了。失去了支持者，还怎么谈发展呢？总之，无论做什么，诚信是最重要的。

看到表姐还在生气，臧健和只好继续解释说："你想啊，如果到时候被日本人发现了，我会很丢脸的。不仅丢了自己的脸，还有损我们中国人的形象啊。如果日本那边真的有诚意，倒不如多想点儿办法，争取开工厂，然后名正言顺地合作。这样大家才会真正地为我喝彩。"

臧健和是个有原则的人，不管别人怎么说，她心里都有一杆秤。她也是个有主见的人，虽然她了解表姐的苦心，但是她不会轻易改变自己的想法。

没想到，第二天日资公司那边又通知臧健和见面。原来他们并没有因为臧健和诚实的回答，就放弃了这个合作伙伴，相反，他们觉得臧健和很诚实，很可靠。

臧健和如约而至。让她没有想到的是，日资老板给了她一个很大的惊喜。他们愿意跟臧健和合作，给她发牌照，帮助她开工厂。这个工厂就设在日资百货公司，以后臧健和的北京水饺就在日资百货公司里生产。

臧健和觉得这是天上掉馅饼的事情，既能够正式挂牌做买卖，又能够实现自己的梦想。为此，她努力做小贩，努力挣钱，想挣钱存一部分资金，自己开工厂。可是现在，突然一切都解决了。臧健和觉得像是做梦一样，满是不真实的感觉。表姐也是乐得不行，替臧健和开心。可是世界上没有免费的午餐啊，天上怎么会掉馅饼？

运气太好了，总是让人怀疑。臧健和忍不住问日资老板："那我们的水饺要以什么形式卖呢？"

"当然要重新包装设计，当日资百货的产品来卖了。"

臧健和一听就明白了，几乎是本能地就回绝了。又一次，合作谈判结束。

表姐这次是真的生气了，骂她傻。放着这么好的机会不要，继续吃苦当小贩。可是臧健和不这么认为。她觉得，她的北京水饺是富于她自己个性的水饺，包含着她的技术、心血、还有深深的爱，就像是她自己的一个孩子。所以当日资老板要将她的"孩子"当成日资百货公司的产品时，她当然不干了。

现在人都讲究品牌意识，无论是生产者还是消费者都很重视品牌。臧健和创业的时候虽然没有人交给她过什么是品牌意识，但是她本能地具备这种意识。

在内心深处，臧健和是具备"品牌价值"这个概念的，虽然她无法用语言解释出这个概念的含义。在她心里，品牌是最重要的，品牌就是信誉，品牌就是前途。如果失去了品牌，她就没有努力的方向，这么多年的努力便都算是被流水冲走了。

按现代企业的眼光来诠释品牌价值，它应该是品牌管理要素中最为核心的部分，也是品牌区别于同类竞争品牌的重要标志。迈克尔•波特在其品牌竞争优势中曾提到：品牌的资产主要体现在品牌的核心价值上，或者说品牌核心价值也是品牌精髓所在。

所有的企业，苦心经营和维护自身的品牌，就是求得一个公众认可的品质质量知名度，让公众认为具有“诚信、守法、可靠、专业、价值、经济、高效”这样的美誉。管理和经营品牌，求得基业常青、卓越杰出，就是为了获得品牌价值。品牌价值是指品牌在某一个时点的，用类似有形资产评估方法计算出来金额，一般是市场价格。也可以说是品牌在需求者心目中的综合形象。

据一家国际权威机构的分析报告，创立一个名牌，仅媒体投入就至少需要2亿美元。如果是一家企业试图进入一个全新市场，或者另一个国家的市场，其在品牌拓展上无疑将投入更为巨大的财力和精力，而且还要遭遇原有市场各种力量的排挤。

这时，运用资本的力量拓展品牌、提升品牌价值就成为一些企业首选的策略，最为成功的典范之一就是“联合利华”。

联合利华在我国的12个牌子几乎都是同类产品的佼佼者。力士与夏士莲在洗发水和沐浴类产品中位居前列；中华牙膏是牙膏市场的老字号；立顿红茶的市场占有率超过80%；“和路雪”在冰激凌市场的地位则无人可替。

为了拥有品牌价值，很多企业往往不惜重金购买。还以联合利华为例：

联合利华在全球的400多个品牌，大部分是通过收购并推广到世界各地的。联合利华进行跨国品牌运作的成功之处就在于善于收购本地品牌并提升为国际品牌。旁氏原是一个美国品牌，联合利华将其买下并发展为一个护肤品名牌，推广到中国；“夏士莲”原是在东南亚推广的一个英国牌子，联合利华也将其引入中国。而将中国牙膏第一品牌“中华”收入旗下，更是其一贯品牌策略的延续。

联合利华这一品牌策略不仅使其在全球范围内获得丰厚回报，而且使其在本地品牌与消费者之间建立了更强的感情维系。正如联合利华（中国）有限公司发展联络总监曾锡文介绍的“联合利华收购本地品牌的目的决不是削弱其对自有品牌的影响，令其搁置乃至最后消灭，而是要把它提升到联合利华全球品牌运作的整体策略中去，成为一个国际品牌。”

这些道理，这些事例，在臧健和创业奋斗的初期尚未发生，即便发生了，她也未必关注，但她心里具备的品牌价值，却丝毫不少于很多国际级企业的创始人。

面对表姐的责骂，臧健和依然坚持自己的观点。虽然这件事情从表面上来看好像是自己赚了大便宜，但事实并非如此。从长远的经商眼光来看，如果北京水饺成了日资百货的产品，那她的自我又在哪里？她多年的心血又在哪里？这以后将会是一件很麻烦的事情，没有人能够保证对方能够永远让她分享北京水饺获得的声誉和利润。一旦对方把一切都学到了，再把她踢出门，到时候她就什么都没有了。所谓“教会徒弟，饿死师傅”。猫教老虎的时候还知道留一手呢，更何况是有思想的人类。不是臧健和不相信他们的诚意，只是世界上的很多东西都会变的，臧健和不能保证日资公司不会变。

后来记者就此事采访臧健和时，她说：“别人都说我创造了传奇，其实实际上来讲我觉得万变不离其宗的一个窍门，就是你有个铁拳头的产品就不怕没有人找上门来，中国有句话是好女十八嫁，你还怕嫁不出去吗？我就这个原则，就是我必须要做一个好产品，所以直至今天这个产品的质量就是我的生命。那我这个品牌就像我的孩子一样，我是小心翼翼地去保护它，怎么保护她呢，没有别的，看好产品的质量，看好你真的产品出去。你要知道13亿中国人，11亿会包饺子，谁不会做一个产品啊。问题是你必须做一个产品像你的品牌一样让大家认同，13亿人口有10亿人吃了，我会做，但做不出你这种品质来，你才能够保证你这个品质受到大家的欢迎，那么这一个东西它不是说说就可以的，你必须持之以恒地保持住，怎么样来稳定这个品质？”

对于当时面对日资公司提出那么诱人的条件，在签约时臧健和还是停了下来。记者问她当时是怎么想的，臧健和如是说：“日方就提了一个问题，这个问题在我表姐来讲那简直是天上掉下来的馅饼，那就是说日本人给我工厂，给我牌照，然后和我合作，他们的承诺最厉害，第一给你卖遍全香港，第二给你卖遍全日本。这一个小贩和这一个前景那简直是天上地下了，简直没有还价的余地了，我听了以后确实是真的很激动，但是激动之后我第二个就想你要求我的条件是什么？你为什么给我这么好的条件，咱们既无亲又无戚，对不对，那么简单不可能。接着就问了那咱们这饺子得用什么样的牌照来卖，还是用‘湾仔码头’？他说那当然不能用了。我说那不行，接着也没考虑什么。我不是会保护品牌，现在的人都分析臧姑娘真的会保护品牌，有市场远见，又聪明又有智慧，我说根本不是。我只是觉得命运是掌握在自己手中的，就像是我从泰国离开的时候。其实在夫家忍辱负重也可以生活，但是我不愿意这样。直到现在我也不把任何的希望寄托在别人身上，我知道命运是在自己手上，就是说一定要有自己的主动权，这也是跟我妈妈学的。爹有娘有不如自己有，老婆汉子又隔了一道手，必须自己有才有主动权。”

女人通常都是感情动物，爱感情用事，很容易就被感动了。可是臧健和却没有这种不理智的女性思维，在大是大非的问题上，她总是很清醒。但表姐是典型的女人思维，她觉得臧健和太事儿了，一个小贩而已还那么挑剔，真是又傻又固执。表姐很不理解臧健和的做法。

臧健和又解释说，如果把北京水饺卖给了日资公司，那以后每天来吃水饺的人应该怎么办？一旦吃不到水饺了，我要怎么跟他们交待？就像是码头的摊位没了，大家不知道去哪里吃北京水饺了，我就贴张纸告诉大家我换地方了。可是现在，如果我一声不说把北京水饺变成了日本水饺，让吃水饺的人都到日资公司去吃，这话我是说不出口的。最重要的是，我要给热爱北京水饺的人一个交待！

这就是臧健和跟别人做生意不一样的地方，她不仅仅是在做生意、赚钱，她与顾客也不仅仅是简单的商人与顾客的关系，同时更隐藏着一层亲密的契约关系。她必须要对顾客负责，顾客们对她热爱和肯定，她也要把这份爱回馈给顾客。如果无声无息地就没有了，她会不安，觉得对不起自己的良心，也对不起顾客。最重要的是，她爱做饺子。在开始饺子生意以后，她觉得很快乐、满足。一旦没有了自己的饺子，她不知道自己是谁。好像一艘在大海航行的船一样，完全失去了目标和方向。

表姐听了臧健和发自内心的一席话，深受感动。为她的睿智、眼光长远，还有她的有情有义。表姐终于理解了她，安慰地告诉臧健和：没事，你的饺子这么好吃，这次不成功以后一定会成功的。

真诚打开的门

又一次，臧健和停止了合作。面对表姐的不了解，她还是坚持自己的观点和态度，臧健和是个凡事都讲究原则的人，同时她做事也都跟着自己的心走，跟着自己的想法走。

在大家都以为与日资的合作只是一个小小插曲时，日资公司又找到了表姐，让表姐告诉臧健和，希望再次跟她谈谈北京水饺的合作事宜。

听到这个消息，大家都觉得震撼了。没想到日资公司还会来找臧健和。其实日资公司的老板是真的看中了臧健和的饺子，并且认为有广阔的前景。他在香港经营将近30年，从来没见过臧健和这样的女人。臧健和只是一个小贩，双方的条件不对等，日资公司老板本以为臧健和会为了合作，牺牲一些。没想到臧健和不仅没有，反而一直坚持着自己的原则，不让步。这给他留下了深刻的印象。他们不想放弃这项合作，不想放弃北京水饺，不想放弃臧健和。

表姐得知日资公司还要见臧健和，非常兴奋。大清早就把臧健和吵醒，话语里带着无比的激动，说："你的运气真是太好了，日本那边又来电话啦，让你再去一次！”

臧健和也没想到还会有机会去日资公司。第三次来到日资百货，日方开门见山地说：“我们希望你可以尽快领牌照，开工厂，为我们生产水饺。但是万一出了卫生问题，你要承担责任。”

臧健和听了之后，非常开心。脸上还是挂着淡淡的笑，说“卫生这方面你们请放心，这对我来说完全不是要求，这是我应该做的。”

之后，日资公司方面又说，让臧健和去掉包装盒上面的地址和电话。

臧健和又一次拒绝了。她说：“地址取消没有问题，但是电话不行。我和顾客之间一直是面对面交流的，顾客吃了我的水饺，有什么意见和建议，都会直接反馈给我。然后我可以根据他们的意见进行改良。只有这样，大家才能逐渐地接受北京水饺。更何况，我是小贩。客户群主要是中下层的顾客，到了日资百货公司，你们的客户群不同，他们要求的口味也会不同。只有通过交流，我才能了解他们的需求，才知道方向。”

对此，日本人提出可以让售货员把顾客的意见传达给臧健和，这点她完全不必担心。

臧健和对此再次表示反对，她认为就算是售货员把意见传达给自己，但还是不能解决交流的问题。毕竟售货员只是出售水饺的，他们对制作水饺不专业。是没有办法完全把顾客的意见第一时间转达的，而且如果他们传达过来，中间再出了什么岔子，自己走了反路，岂不是更加糟糕。而自己是做水饺的，必须要听到顾客真实的声音，这样才知道顾客喜欢什么样的，才知道如何改良和提高。

日资公司看臧健和执意如此，毫不动摇，而且她说的也有道理。于是就答应了臧健和的意见，不仅留下了臧健和的电话，同时将她的地址也保留了。

谈好这些问题之后，新的问题又很快出现了。日资老板问："臧姑娘，你的水饺准备多少钱卖给我们呢？"

臧健和想了半天，说道："12块半。"

因为她的水饺从来没有批发给别人，之前也没有思考过这个问题。猛然问价格，她也不知道多少钱合适。

话音刚落，身边的人就都笑了。

过了一会儿，日资老板说："臧姑娘，你的水饺零售多少钱呢？"

臧健和说："11块啊。"

日资老板又笑了，说："臧姑娘，你懂不懂做生意？你知不知道批发价要比零售价低吗？"

臧健和说："我确实不懂做生意。在做水饺前，也从未做过生意。但是我这么说肯定是有我的理由的。"接着她看了看表说："要不劳烦大家跟我走一趟吧，我给大家解释一下我批发价比零售价高的原因。"

于是日方老板很疑惑地跟着臧健和到了她的摊位上。此时刚好是下午4点半，在臧健和的摊位上早已经排满了人，这让日资公司老板很是震撼。毕竟在香港这时间比金钱还贵的地方，竟然有人排队一个多小时只为了买到臧健和的水饺，这是很不可思议的。

这时的臧健和忙得正不可开交，于是许多顾客就帮着她把倒进盒子里的水饺套上橡皮筋，装进袋子，他们成了臧健和的包装工。然后臧健和收他们11块钱。

看到这一幕，日资老板顿时明白臧健和为什么要12块半钱批发给他们了。因为日资百货公司是个中高档的超级市场，商品品种很齐全，包装也都很精美。臧健和的北京水饺若是要进入日资超市，必然要重新包装。否则将此时的北京水饺放进去，那将会很不协调。没吃过的顾客可能会以为那是劣质食品，拒绝购买。所以臧健和说，北京水饺必须要改包装，重新设计，然后才进入日资超市。只有这样，北京水饺才不会输在起跑线上。所以成本就要上升，11块钱的零售价根本就买不到水饺了。

臧健和又对日资老板说，希望自己可以亲自参与设计，她不仅要包水饺，还要把它们整整齐齐地摆放在盒子里。

听了臧健和的一席话，见到臧健和水饺摊位的火爆场面，日资老板终于明白为什么臧健和可以这么有信心地跟自己谈判，并且不作出让步。因为她有顾客的支持，有一群热爱她北京水饺的人。同时日资老板也为臧健和的真诚、负责而感动。他立刻拍板答应臧健和的要求，决定与她合作。

三天之内，臧健和一波三折。从开始的机遇，到最后的成功，有可能一些人会认为臧健和运气好，天上掉了馅饼，刚好就砸到她了。其实并不是这样。

是臧健和用自己的真诚、负责换来了对方的肯定和赞赏，同时也换来了对方的真诚。天上并没有掉馅饼，是臧健和用她的心智为自己摊出了一张大馅饼。做生意都讲究诚信，诚信是合作成功的基石。他们的洽谈就是实心实意的洽谈，合作也是真诚的毫无欺诈的合作。最终，生意谈成了，签订了合同。而这个合同，一用就是20年。这也充分地说明了，臧健和是一个很好的合作伙伴。臧健和说，如果不是对方因为金融风暴倒了下来，他们的合作将会持续的时间更长。

就这样，一个不懂经营之道的弱女子在谈判中征服了久经沙场的日本商人，臧健和的“湾仔码头北京水饺”登上了大雅之堂，由著名的日本超市横扫香港饮食界。水饺，这个传统的北方面食如今已成了香港人喜庆节日必备的一道美食。

而臧健和与日资老板反复谈判时，她根本就不懂什么谈判术，但她最后却取得了胜利。

其实，臧健和是懂得谈判术的，那就是自信、真诚和产品的质量。有了这些，还愁谈判不成吗？这就是无招胜有招。

“别人都说我有福气、运气好，我不这么看。都在码头上摆摊，有的人连小贩都做不长远，而我想就是做小贩也要做最好的，日本人跟我合作并不是我运气好，而是我的饺子好。”臧健和如是说。

“湾仔码头”的诞生

臧健和一直有个梦想，她想开一家属于自己的店。就是刚开始做小贩卖水饺的时候，她也从没打算一直做一个小贩。她这个梦，一直朦朦胧胧地做着，但是一直不敢跟现实连接。她觉得那个梦离自己很遥远，很遥远。可是现在，因为顾客买生饺子的举动，一下子将她的梦跟现实接轨，她可以零卖。而日资公司的出现，给她了机会，将她的生意推向了一个新的阶段。她很开心，因为她的梦想照进现实里了！

此时的她已经有了一定的积蓄，再加上一些愿意支持她的朋友的资助，她开店的愿望得以实现了！

臧健和是个实干家，也是个雷厉风行的人。有了想法就立刻行动。她筹资40万，向政府申请牌照，终于在交加街开了一间湾仔码头北京水饺店。此时是1984年，距离臧健和来香港已经7年。虽然店面并不大，但作为前店后厂的企业老板，臧健和还是尝到了梦想实现的快乐。日资公司从臧健和这里进了第一批水饺，当天就销售一空。这是任何商品都不曾有过的辉煌。很快，她的水饺就摆上了八佰伴、百佳、华润、吉之岛、UNY超级商场的柜台上，其抢手程度令人咋舌，往往供不应求。

渐渐地，臧健和成立了4辆送货车组成的运输队，处理集体订购的服务。她的湾仔码头水饺店也越做越大，生意越来越红火。既经营熟水饺、煎饺、蒸饺，同时也出售半成品的生水饺。从小厂到专卖店，再到大商场超市，臧健和的北京水饺迅速占领香港超市100%的新鲜水饺市场和30%的速冻水饺市场。

臧健和自豪地说："一般产品想要进入超市都得交钱，而我，是超市在顾客的强烈要求下，主动和我签合同要我加入他们超市的。"的确，臧健和创造了全香港唯一一份"特惠合同"的奇迹。

湾仔码头北京水饺是臧健和自己给她的水饺起的名字。她在湾仔码头开始的小贩生涯，迈出了人生中的第一步。而且在这里被大家的关心和爱所感动，体会到了人情的无价。为了纪念这些，她把湾仔码头作为自己的品牌。她想要湾仔码头随着她的水饺推出去，被大家了解和认识，接受并喜欢。于是，湾仔码头北京水饺就这么诞生了。

可以说，没有这些深深爱着臧健和的顾客们，就没有臧健和的今天。所以，臧健和把她的水饺取名为湾仔码头北京水饺，也是为了表达对爱她的顾客们的感激。

臧健和成功了，她的成功跟她的性格有着必然的联系。一个人的成功不是偶然的，同样，湾仔码头这个品牌的建立，也不是偶然的。这跟臧健和从小喜欢做水饺，对水饺有着独特的品味，并且坚强、执着、有主见有千丝万缕的联系。

很多人面对别人的成功，总觉得不公平。好像上帝总是眷顾别人，却把自己拒之门外一样。其实不然。不是成功抛弃了你，而是你拒绝了成功。你把自己封闭在小小的空间里，拒绝跟外界联系，看着成功在别人那里红红火火，自己却冷冷清清，一边羡慕一边抱怨。

臧健和却从不这样，她一直是向世界敞开自己的。她从不保留自己的小底盘，总是把自己的东西拿出来跟大家分享。而且她是个乐观、自信的人，她总是热情地敞开自己的胸怀，向成功挥手致意，于是成功也就向她挥手致意，然后渐渐走向她。

臧健和在刚开始做小贩的时候就表现出了她不同于常人的心态。小贩，毕竟不是多光荣，多让人尊敬的职业。一般的小贩多少都会有一定程度的自卑、封闭。而这种自卑是发自内心的，因为自卑更加的导致了封闭。

但是臧健和却从不怕别人嘲笑自己是小贩，就算在跟日资公司谈判的时候，她也毫不隐瞒自己是小贩。她不觉得这是丢人的事情，她的思想里一直认为所有的劳动都是光荣的，只要靠自己的能力，靠自己的双手，都是美丽的。1978年，当时的臧健和刚在湾仔码头摆摊，还没有什么名气，大家对她的北京水饺知道的也很少。《文汇报》的专栏作者发现了她，以敏锐的眼光看出臧健和的与众不同，发现了她不同寻常的新闻价值。于是找到她，想要采访她。没想到臧健和不仅欣然答应，还表现得落落大方，十分从容。她向记者完全敞开自己，对自己是小贩的事情从不遮遮掩掩，也不怕别人嘲笑。因为她相信人们，相信人们的善良。

记者从她对公众敞开自己中，发现了她是一个很有采访价值的人，更是一个有着闪亮内心世界的人。她的经历，她的故事，足以感动和激励任何一个人。同时臧健和也很吃惊记者会找到她。她认为自己只是一个很平凡、很普通的小贩，就算之前做护士的时候，也是青岛众多护士中很普通的一个，从没想过有一天竟然能和媒体打交道，而且还是以一个小贩的身份。

从落难香港，她一直忙着生计，忙着赚钱养活女儿，在她的心里，为妈妈奋斗，为女儿们奋斗，为生计奋斗，都是她应该做的。可是没想到，在媒体眼中，这竟然成了具有宣传价值的事情，她也是有新闻点的，这是她从未想到的。

虽然意外，可是臧健和开朗的性格使她和记者的配合很默契，谈话也很愉快。无论记者问什么，她都可以很好地回答。她希望敞开自己，希望大家可以了解自己，认识自己。她知道记者是她与人群沟通的桥梁，记者会把她的经历和故事与大家分享。她喜欢这种感觉，这种分享的感觉。无论是她的经历，还是她的水饺，她都想跟别人分享。她的魅力征服了记者，征服了群众，她的经历感动了大家，她的饺子更深受大家的喜爱。记者圈子里采访过臧健和的不少，他们都喜欢采访臧健和，喜欢跟她聊天，喜欢跟她交朋友。因为臧健和的落落大方、真诚率直、平易近人、善解人意等等，太多太多，给记者们留下了太深的印象，她性格中有太多闪光点，值得大家去学习。

于是铺天盖地的新闻报道出来了，越来越多的人开始知道臧健和，开始了解臧健和，开始喜欢臧健和。更让人始料未及的是，这些新闻报道起了很好的广告效应。她的水饺随着这些新闻报道，也成了大众的焦点。臧健和不用花钱打广告，就有大批大批的传媒人士给她做宣传，就有大批大批的人去买她的水饺。她，作为一个女人，太让人感动了。而她的饺子也随着人们的感动走进人们的心里，吃了她的饺子，心里的感动又多了几分。一时间，臧姑娘的饺子成了一种时尚。没吃过她饺子的人到处打听哪里有臧姑娘的湾仔码头水饺啊，吃过的人更加难忘，一边品着充满了人文关怀和包含爱心的饺子，一边想着臧姑娘的故事和经历，心里的感动无以复加。

就这样，臧姑娘和她的湾仔码头水饺传遍了大街小巷，一时间臧健和仿佛成了饮食界的明星，而湾仔码头北京水饺也走进了人们的生活，走进了人们心中。

她并不知道这一切是怎样发生的，真的是一不留神就出名了。她觉得自己并没有做什么，也不觉得自己付出了很多，可是世界却给了她这么多的回报。她觉得很感动，觉得上天对自己很眷顾。同时在感动之余，她化感动为力量，为动力，更加用心地努力做自己的水饺，以报答大家对自己的支持和厚爱。

其实这只因为臧健和对媒体勇敢地敞开了自己，同时也向世界敞开了自己。人都是情感动物，都需要交流。当她跟世界交流的时候，世界接受了她，人们知道了她，香港也了解了她，而她的水饺也因此走进了千家万户，被大家知道、了解、接受、并喜爱。

水饺中也有黄金屋

臧健和从小都对“吃”充满了奇思妙想，从她小时候总是变着花样捏面团就可以看出来。那个时候大人们总是很担心臧健和小小年纪就这么爱吃，长大了以后怎么办，因为在那个年代，嘴巴馋的女孩子是不受欢迎的。可是臧健和不仅仅爱吃，她更多的是擅长吃。她总是有办法把饭做得特别好吃，而且总是有很多奇思妙想。大人们往往惊异于臧健和做饭的天赋，不懂从没人教过她，她怎么会有这么多奇奇怪怪的想法。而臧健和包饺子也正是调动了她从小就有的对食物的巧思妙想，也就是在这条路上，她找到了自己的方向，她的能力才真正有了释放的地方，价值才以意实现。

其实臧健和对吃的巧思妙想不是平白无故，不是没有原因的。她能成功也是和她小时候紧密相连的，她的生命仿佛早就为这一天准备着，只是她不知道而已。

臧健和很爱看书，因为母亲也希望她能够多学知识，所以对臧健和爱看书也很开心。臧健和在读书的时候，每当遇到关于“吃”的内容，她都会反复阅读，反复琢磨，反复思考。她在书中总是能够碰到很多关于“吃”的话题，每次碰到这些她总能插上想象的翅膀。

尤其是看《红楼梦》的时候，里面关于“吃”的章节太多了，那么多的食谱总是惹得臧健和心潮澎湃，她一边贪婪地读着，一边想着应该怎么做。里面有那么多道菜，每一道菜都花了她不少心思。她一边想象着那会是什么样的一道菜，一边想象着味道怎样。大观园里面的人，都是官宦贵族，吃的自然也都是中国最豪华、珍贵的食物。很多臧健和连听都没有听过。可正是因为没有听说过，就更觉得有趣，更觉得好奇。想知道做出来应该是什么样的。

《红楼梦》第八回里面，有一段讲“宝玉因见他外面罩着大红羽缎对襟褂子，因问：“下雪了么？”地下婆娘们道：“下了半日雪珠儿了。”这里薛姨妈已摆了几样细茶果来留他们吃茶。宝玉因夸前日在那府里珍大嫂子的糟鹅掌鸭信。薛姨妈听了，也忙把自己糟的取了些来与他尝。宝玉笑到：“这个须得就酒才好。”

看到这里，臧健和就在想，这个糟鹅掌鸭信到底是什么呢？名字挺特别的，不知道吃起来会不会也同名字这般。

第五十八回，原文里面讲“晴雯麝月揭开看时，还是只四样小菜”。晴雯笑道：“已经好了，还不给两样清淡菜吃。这稀饭咸菜闹到多早晚？”一面摆好，一面又看那盒中，却有一碗火腿鲜笋汤，忙端了放在宝玉跟前。宝玉便就桌上喝了一口，说：“好烫！”里面的火腿鲜笋汤，臧健和琢磨了很久这道菜应该怎么做。

还有《红楼梦》第六十三回“寿怡红群芳开夜宴”，说的是为宝玉等人过生日。“怡红祝寿”即根据这一回的描写而创制。“怡红”指贾宝玉，他号“怡红公子”，同时以红色的大对虾为主料寓“红’字，这是一道助兴的菜，借以祝福客人健康长寿，万事如意。臧健和心想，这道菜真是太妙了，寓意也很好，要是学会了肯定会很有用。

还有很多很多，每当晚上她睡不着的时候，就躺着被窝里，脑子里面不自觉地想象着这些菜谱，想象着需要什么原料，放什么调料进去，用什么火候等等。

《红楼梦》里面的“吃”实在是太多了，这也是臧健和对这本书有兴趣的一个重要原因。尤其是讲到宴席时，臧健和都是一道道认真地研究，体会着中国饮食文化的博大精深。她觉得爱吃并不是一件丢脸的事情，吃也不单单为了果腹，它更多的显示了一个民族的文化，一个民族的心理，一个民族的智慧。俗话说：民以食为天。吃，是人类的本能，但并不简单的是人类本能，它更是一种艺术，一种博大精深的艺术。

现在人都讲究，要吃的“精”，这是饮食文化。但在那个温饱问题都难以解决的年代，很少会有人注意这个问题的。但是，臧健和注意到了。读《红楼梦》时，臧健和总是一边读书，一边想，林黛玉、贾宝玉他们的饭量都非常小，小得让臧健和觉得不可思议。他们吃饭都很精致，这个“精”，也让她极为震撼。这引起了臧健和的思考，他们吃饭仅仅是为了吃饱吗？那何必每次吃饭都那么劳师动众呢？不是的，他们吃的是一种超越食物本身的东西，也超越了“吃饱”这个层面，但具体是什么，那时的臧健和还不知道，也不知道如何去定义。现在人们终于给这个东西定义了，也就是我们平常所说的“饮食文化”。虽然不知道这是什么，但臧健和明白，《红楼梦》里面的各种菜，已经超越了吃的本义。这也给后来的臧健和做饺子以启迪，促使她更多的强调饺子的品质，不停地改良她的北京水饺。

臧健和在开了自己的店以后，生意非常火爆。由于买水饺的顾客太多了，纵使臧健和一分钟最快可以包到三十多了，可是也赶不上买饺子的人群。只好雇人帮她包水饺、云吞、汤丸。她总是和员工一起制作，让所有的员工明白她的要求和标准，然后再由老员工带着新员工做，这样新员工就可以很快上手，也能保证水饺的质量。同时，臧健和还设立了奖励机制，员工每小时都有底薪，得包出一定的数量，超出限额就有额外收入。这样不仅发挥了员工工作的积极性，也增加了员工的收入。臧健和一直坚持将员工的福利收入不能降低，并且跟员工们说：“我们的产品，就当是给自己的朋友吃，给自己的亲戚吃，每一只水饺都要用心去做，就像是对待你们的生命一样。”

因为从小看书的缘故，臧健和能够很好、很适应地做好管理者的角色。同时，她牢牢地把着水饺质量这一关，水饺包好以后，再派专人送货，她还雇了一个老人在湾仔码头零卖。臧健和的北京水饺包装很有特点，用简单的纸盒包装，既能够降低成本，也符合环保要求。

在湾仔码头，臧健和总是很喜欢和顾客交流。就算是顾客不吭声，臧健和也会主动过去跟他们沟通。问顾客味道如何？有没有什么需要提高的？还缺不缺什么东西等等。

顾客吃饺子的时候，她也会观察着顾客的表情。如果看到顾客表情沉重或者是没有快乐的样子，她心里就忍不住打鼓：是不是自己的饺子做得不好吃？然后就走过去跟顾客咨询情况。

有一次，臧健和发现有个顾客把饺子馅吃了，把皮留在碗里。看到这一幕，臧健和的眉头立刻就皱了起来。为什么不吃饺子皮呢？是自己的饺子皮不好吃吗？她在心里不停地问自己。终于，她找到一个不吃饺子皮的顾客，向他咨询了这个情况。好心的顾客告诉她：饺子味道很重，有点儿腻，饺子皮太厚，吃起来口感不是很好。

听到这话，臧健和开始不停地思考。记得自己小时候是很喜欢吃这种皮很厚的饺子，很滑溜也很有嚼劲。可以香港的顾客却不喜欢这种饺子。很快臧健和就想明白了，因为自己是北方人，北方人的口味比较重，而且北方人爱吃面，爱吃皮厚嘟嘟的饺子，觉得很有嚼劲。但南方人吃饭很挑剔，要求比较高。吃东西都讲究精致、清淡、爽口。味道鲜美，但是不能过咸。口感要细滑，不能咬不透。

这个问题以前没怎么思考过，现在既然遇到了，就成为臧健和不得不思考的问题了。

究其实，南方人和北方人在饮食上的口味的确是有不少区别的。

比如，北方菜口味浓一些，烈一些，南方菜淡一些，清一些。而且南方人的饮食习惯很科学，每日少量多次的进餐既避免了浪费又有利于食物的消化吸收。但是一旦到了北方，不管烤全羊还是土豆炖排骨，先上一盆，让你吃了上顿不想下顿。

北方的包子显得大气、粗犷，单从个头上都可以看出来，而南方的包子大多小巧玲珑，无论是外形还是馅心都精致得很。

北方人吃面，南方人吃米。南方人认为面只能拿来做点心，永远吃不饱。北方人则认为吃大米既奢侈，也不顶饿。主食的不同，造成了整个饮食结构以及吃法的巨大差异，北方崇尚简朴，南方追求华美。北方饮食粗糙，而南方做工精细。八大菜系，南边占了绝大部分，流派纷呈，只给北边剩下京菜、鲁菜两个系，根本不能与川菜、湘菜、粤菜等相匹敌。

南方人是咸辣、麻辣、油辣、甜辣，北方人是干辣、酸辣。北方人喜欢大块吃肉，大碗喝酒；南方人要把肉切得细细的，煨得烂烂的，炒得嫩嫩的，把酒烫得温温的。北方人喜欢吃饺子，饺子用醋蘸蘸就行了，一口一个。南方人喜欢吃馄饨，馄饨要汤碗、调料齐全，一口只咬半个。南方人喜欢吃葱，北方人喜欢吃蒜；南方人吃泡菜，北方人吃咸菜。南方人喝各种各样的茶，北方人只喝花茶就够了。

看来，只要思考，便会发现，原来的不少东西都被忽视了，一旦这样，就有可能在产品上出纰漏。

虽然臧健和从小在家里包水饺，妈妈都叮嘱她，擀饺子皮不能太薄了，太薄了容易破，而且做出来的饺子会变形不好看。所以自己做出来的饺子才会这样，可是听了顾客的意见，臧健和立刻决定打破从小就接受的包饺子理念，按照顾客的口味，改良水饺，做得爽、滑、细、鲜美清淡。

虽说那个时候臧健和从早忙到晚，劳累和疲惫自然不用说。可是，深夜她回到家以后，躺在床上却久久不能入睡。顾客的话一直在她的脑海里浮现，没有吃掉的饺子皮也在她的眼前闪现，特别的刺眼。她不停地思考怎么才能让自己的水饺被香港人接受和喜爱，过去人们吃不饱，对食物的味道没有特别高的要求。可现在大家生活好了，就像是生活在大观园里面的人，吃饭不仅仅是为了充饥，而是一种美食享受，怎能还继续延续过去呢？

臧健和是个有想法就要尽力做到的人，她想做的事就一定要做成，只有这样才能够放下。于是她每天晚上都努力改进自己的水饺，琢磨着让饺子的皮更薄，让饺子的味道更清淡更美味。终于皇天不负有心人，在连续熬了几个晚上以后，她终于做出了理想中富有弹性又薄的饺子皮来。当她掌握这个技巧的时候，她的双眼已经熬得通红，像是得了红眼病一样。

就是因为从小爱看书，从小对“吃”的执著，她的水饺才能够不断地提高。最终她成功地吸收了广东面点的优点，做出了香港人爱吃的又薄又滑、又富有弹性的饺子皮，再配上北方特有的饺子馅，制出了香港特色的北京水饺。

妈妈去天堂了

臧健和从小特别爱妈妈，因为没有爸爸的照顾，所以特别依恋妈妈。她知道妈妈一路走过来的辛苦，一个女人带着两个年幼的孩子，一年又一年地熬着，靠着给人做零活，来维持家用。看到妈妈从早到晚的操劳，臧健和就很心疼妈妈。妈妈曾经是那样年轻漂亮，爸爸走了以后，她原本可以再嫁人的，可是为了两个孩子，却没有再嫁。臧健和亲眼看着妈妈是怎样在岁月的磨损中，一天天地损耗着自己的青春，在一日日的生存折磨里，抚养她们长大。这一切都烙在了臧健和的心里，她想以后一定要妈妈过上好日子。

臧健和中学毕业以后，由于出身问题，没有分配工作，只能够当临时工。虽然当时的社会背景令人不快，虽然受了不少委屈和苦，但是臧健和还是很快乐，她的心态很好，总是善于在小圈子里制造乐趣，自己找快乐，而且性格也很坚强乐观。她想着政策一定会变好的，到时候就会有正式的工作了，就会有好日子了，她总是乐观地等待着迎接未来更加美好幸福的生活。

可是她等待的更加美好的生活没有来，更加糟糕的事情却来到了她面前。文化大革命时，她和母亲、外公、妹妹被遣返回老家，那是山东潍坊的一个小村庄。臧健和从小是在青岛长大的，对老家很陌生，很不习惯。在那样的村子里，没有依靠，没有经济来源，凭着一己之力来养活外公和妈妈，这对于臧健和来说太难了。一个女人在农村能做什么呢？几乎什么都不能做，什么都得有男人的扶持。在地里种粮食、干农活，需要的都是年轻有力气的男人，这对于一个在城市里长大的女孩子是一件根本不可能做到的事情，就算是农村长大的女孩子，也难以做到。她们最多就是在家里做做饭、带带孩子、收拾收拾家什么的。可是臧健和没有可以依靠的男人，她只好学各种农活，来挣糊口的粮食。那时的臧健和就像是生长在沙漠的一颗种子，想要存活是非常困难的。

于是她在白天忙了一天以后，晚上就在床上翻来覆去思考这个问题。留在农村里，自己永远不可能有出路，永远不可能让妈妈过上好日子。没有人能够帮她，大家都在忙着自己的事情，有谁能够注意到自己呢？她知道自己肩上的担子很重，可是她只能自己扛。自己从小是在城市里长大的，对农村的环境根本不熟悉，亲人、朋友、同学也都是在城市里的，如果自己是一颗种子就必须种在城市里，在农村里肯定不能存活。只有这样，她才能长成一棵大树，才能够保护妈妈。一定要回到城市，这就是臧健和当时的想法。

打定了主意，臧健和开始认真研究当时的政策。经过很久的研究，她终于发现她们被遣返老家是不符合规定的。于是，她跑到有关部门反映，争取为家人平反。她向有关人员陈述了自己的家庭问题，申明让她们返回乡下是违背政策的。经过她的一再努力，据理力争，有关部门被她的执着精神所打动，觉得她说的确实也有道理，最终为她家平了反。于是，臧健和跟妈妈、外公又回到了青岛的家。

这时的臧健和已经是亭亭玉立的大姑娘了。仿佛一瞬间，她已经挥别了少女时代，很快她被分配到设备电机厂里当护士，这是她的第一份正式工作。臧健和很高兴，虽然工资不太高，可是她觉得自己终于长大了，可以给妈妈挣钱了，可以养活妈妈了。妈妈一直是一个没有人呵护的可怜女人，她现在长大了，以后不管遇到什么事情，无论发生什么事情，她都可以替妈妈扛着，她要为妈妈遮风挡雨，要保护妈妈！看着妈妈的眼睛，那双历经岁月却依然美丽的眼睛，她对妈妈说："我长大了，不会让你受苦了。"

后来臧健和有了蓓蓓和蓬蓬，妈妈就开始帮她照顾两个女儿。那时候臧健和工作很忙，对孩子的教育也比较严厉，因为她觉得妈妈太溺爱孩子了，怕这样下去她们俩会被宠坏。这就导致了两个孩子很怕臧健和，很亲姥姥。蓓蓓和蓬蓬见到臧健和总是像老鼠遇到猫一样，见了面就赶紧躲。她们做了什么错事，臧健和总是当面批评，从不留情。从另一个角度，就造成了两个孩子特别依赖姥姥，跟姥姥的感情特别深厚，觉得姥姥是靠山，在一起才会有安全感。

臧健和很感谢妈妈，因为有她，臧健和才会有今天。正是因为妈妈的存在，才有了臧健和在成长中经历的一切。臧健和成功以后，有人说臧健和的性格改变了三个人的命运。这三个人分别是：臧健和自己，她的两个女儿。可是臧健和觉得，是妈妈的存在塑造了她的性格，从而改变了两个女儿和自己的人生。这一切都源自于妈妈，也包括后来她创造的水饺王国，都是因为妈妈的存在。

臧健和在很小的时候，就把自己定位在“为让妈妈以后过得更幸福而奋斗”。妈妈实在是太辛苦了，她要让妈妈结束痛苦，让妈妈过上好日子。因此，她到香港再苦再累，也不跟妈妈说，都是一个人扛着，给妈妈都是报喜不报忧。在香港她用着别人不用的破电视、破冰箱，却给青岛的妈妈买最好的家用电器。在香港她一天打三份工，为的就是一个月能够多给妈妈寄上300块钱。

可是妈妈节省惯了，女儿寄过来的钱，她都是存在银行里面。不到万不得已，她是不会动银行里面的钱的。她理解女儿的心，可是她总是想着，万一以后女儿需要用钱的时候，她就可以帮上忙了。她要为女儿存着，以防万一。

可是在香港的臧健和并不知道妈妈把她寄回家的钱都存银行了，她拼命地干活，只是为了让妈妈过上好日子，让女儿们过上好日子。妈妈一个人在青岛，她总是很不放心。她想把妈妈接到香港，为了这个目标，没有什么苦是她不能吃的。当她一夜一夜辗转难眠，想到妈妈，心里就觉得温暖，身体就充满了力量。无论工作中遇到了什么，只要一想到妈妈可以来香港，能够和自己在一起生活，而且这个目标已经距离自己越来越近，她就精神百倍。她还记得，当香港媒体热情地向她伸出双手，各大报刊铺天盖地地宣传她时，她一天要接待好几拨记者，那时的她心理和身体都严重透支。可是，她依然愿意接受采访，一方面是出于她的修养礼貌，另一方面也是为了妈妈。她希望这些报道可以被妈妈看到，让妈妈为女儿自豪。让妈妈知道自己过得很好，让那颗牵挂自己心能够放下。女儿虽然历经磨难，可是社会对她是肯定的，是赞扬的，妈妈应该感到欣慰。

后来她的饺子生意越来越好了，她不再是小贩了，她拥有自己的工厂了，成功了，就可以接妈妈到香港来了。她要改变妈妈的命运，她要把妈妈正式办签证到香港来，她要妈妈以后都和她生活在一起。

一切进展得都很顺利，申请妈妈来香港的手续正在办理中，一切都有可能了，一切都离目标很接近了。她的饺子卖火了，大家都知道她的饺子、认可她的饺子了，她终于可以把妈妈风风光光地接到香港来了。

可是天有不测风云，有时候事情的发展总是那么不尽人意。

1989年，臧健和的水饺生意很是红火，每天的订单排山倒海而来，忙得臧健和不可开交。可是，一个从青岛亲戚打来的电话，让臧健和愣了，让臧健和感到了巨大的恐惧。

电话里面说，妈妈生病了。

一种不祥的预感爬上了心头，让臧健和觉得深深的不安。她知道，妈妈为了让自己在香港能够安心，曾经叮嘱过家里人，如果她病了，谁也不许告诉她。她们母女相依为命几十年，相互都非常了解对方。妈妈知道如果一旦臧健和知道自己生病了，一定会不顾一切回青岛照顾她。她不想让女儿为自己担心，所以有病了也不让她知道。

可是现在臧健和接到了妈妈生病的电话，她知道那一定不仅仅是生病了，肯定是比生病更严重的事情发生了。接到电话的臧健和心急如焚，一刻也不敢耽搁，带上两个女儿，直接去了深圳。因为没有买到火车票，她就包了一辆车到广州机场。到了机场以后，工作人员告诉她当天飞往青岛的飞机已经客满了。一心牵挂着妈妈的臧健和也顾不上那么多了，着急地对工作人员说：“今天我无论如何也要走，如果不让我走，我就跑到飞机跑道上去，你们的飞机也别想起飞。”

无论工作人员怎么跟她解释，她都不罢休。那种急切的心情令在场的所有人都为之动容。后来，机场负责人被她的真情打动，想办法让她们母女三人都坐上了飞机。

一路上，臧健和都在想着妈妈。想着妈妈一生所经历的一切。她为了让妈妈过上好日子，拼命地努力工作，吃再多的苦都不觉得苦，再多累都不觉得累。终于现在她的事业有些成功了，可以把妈妈接过来享享福了，可是妈妈现在却……她害怕妈妈等不到她回去，害怕妈妈就这样抛下自己。越是害怕，那些可怕的想象越是在脑海中闪现。她和妈妈一起经历了太多的事情，从小到大，妈妈的点点滴滴都渗透到了她的血液里面，融入了她的生命里，她们的心早已经连在了一起。虽然离开了青岛，不能跟妈妈在一起了。但是无论走到哪里，她的心都紧紧地跟妈妈联系在一起。就是在香港那些最困难的日子里，那时候她无依无靠，孤独无助。可是她的心里装着妈妈，虽然妈妈不在身边，但还是能在暗夜里悄悄地抚慰她的心灵。妈妈就是她心灵上的依托。

臧健和永远记得，在人生的艰难时刻，一想到妈妈从23岁就独自抚养她们姐妹的身影，就会有一种无形的力量支持着她。妈妈能做到，自己有什么做不到的呢？妈妈靠着自己的双手，靠着一针一线，能把她们姐妹抚养长大，自己又有什么理由不能呢？想着妈妈，她告诉自己，一定不能退缩！

现在已经熬过最难过的时候，臧健和终于迎来了事业的春天，妈妈却病倒了。

她觉得命运是这样的不公。她为了妈妈奋斗到现在，终于一切都在向好的方向发展了，妈妈却倒下了，这是为什么？

臧健和坐在飞机上，望着窗外蓝蓝的天，心里的哀伤如同潮水一样汹涌而来。妈妈，你一定要挺住！一定要等我让你过上好日子！女儿的一切一切，都是因为有你啊。一定要等着我！臧健和一遍遍在心里祈祷着。

终于，飞机落地了。焦急的臧健和带着孩子们坐上车直奔家里。然而，在家门口看到的却是亲戚们手臂上的黑纱。

终于，妈妈还是去了。

臧健和觉得眼前一片漆黑，她不停地哭着、喊着，膝盖也摔破了，可是妈妈却再也无法睁开那双美丽的眼睛了。臧健和看到的是从医院冰冷柜里拉出来的妈妈。她就这样永远地去了，没有看到她日夜思念的女儿，就匆匆闭上了双眼。

臧健和怎么也想不到事情会是这样的。虽然有预感，可她还是不愿意相信，她抑制不住地哭。两个女儿看到了冷冻柜里的姥姥就扑了上去，她们也跟着妈妈哭。蓓蓓和蓬蓬都是姥姥照顾大的，姥姥的形象深深地印在她们心中。现在姥姥就这样去了，她们都不能接受。

蓬蓬由于哭得太厉害，又受了凉，患了急性心肌炎。臧健和忍着心痛，陪蓬蓬到医院看病。只好把蓓蓓安排到亲戚家住，可是蓓蓓谁家也不去，一定要自己回到姥姥房间，睡在姥姥床上。大家都觉得很好奇，一般人对去世的人住过的地方都有忌讳，姥姥刚走，她一个人住这里不怕？蓓蓓却说："怕什么，要是姥姥真的来了，我才高兴呢。"

臧健和知道倍倍跟姥姥感情深，明白女儿爱姥姥的心情，就答应蓓蓓住在姥姥房间里。晚上，蓓蓓躺在姥姥睡过的床上，感受着姥姥熟悉的气味，回忆着小时候的那些事情。蓓蓓整夜用心灵与姥姥交流，为姥姥守灵。

第二天从医院赶回来的臧健和直奔妈妈的灵堂前，当她燃起三炷香与妈妈述说时，她知道妈妈想听什么，她明白妈妈的心。她一边流着泪水，一边告诉妈妈她在香港的生活。她知道，妈妈最关心的是自己和两个女儿过的好不好，最不放心的也是她们母女三个。妈妈从小教育自己一定要有志气，要争气，要成为对社会有用的人。现在她跪在妈妈面前，告诉妈妈她所经历的创业往事，这段往事里有心酸、有快乐，可是那些不开心的事情已经过去了，现在她已经挺过去了，她战胜了命运中的很多磨难，终于获得了成功。她要把这些成功告诉妈妈，让妈妈开心，让妈妈知道自己的女儿是那样能干，让妈妈可以安心地去天堂。

在袅袅烟香中，臧健和想要对妈妈说的话太多了。记得自己小的时候，每次快要放学时，她都特别开心，因为快要见到妈妈了。每次回家她都想要拥抱妈妈。后来有了工作，每次下班回家也是同样的心情，她是那样的爱着妈妈，只要想到她，就会觉得特别开心，特别温暖。可是好像总是有一些东西挡在她们面前，使她想要拥抱妈妈的愿望无法实现。小的时候还好一点儿，长大了以后就更不好意思做那么亲密的动作了。在那样的年代，人们总是很矜持。其实拥抱是多么好的表现亲情的方式啊。然而她们却不会也不敢享受这种亲密。她深爱着妈妈，却没办法用自己的肢体语言去表达。现在她有两个女儿，自己也是妈妈了。她接受妈妈的教训，不拘泥于环境和形式，和蓬蓬蓓蓓热情地拥抱，孩子们也是。她虽然是一个“严母”，但是她也是一个很好的母亲，当孩子们慢慢长大了，懂事了，她让孩子们放飞自己的梦想，不干涉她们的自由，并且用自己的实际行动教会她们表达自己，敞开自己，大胆地爱。

看着妈妈的遗像，臧健和含着眼泪轻轻说“妈妈，你听到了吗？女儿年轻的时候多么想要拥抱你，女儿是多么爱你啊”。

在自说自话中，臧健和的眼泪止不住地往下掉。

眼泪是咸的，梦想是甜的

臧健和在很小的时候就拒绝情绪化。一般的女孩子都偶尔闹点儿小情绪，有点儿小脾气，现在人们称她们为小女人。这并不是贬义，好像这就是女孩子的特权，没有人会去责怪。但臧健和恰恰不是这样的小女人。她从小就是一个理智的女孩，因为家庭原因她比同龄的女孩要懂事成熟很多。

臧健和不是一个轻易表露自己感情的人，这一点也源自于妈妈。妈妈对她的爱，是含蓄深沉的，很少会挂在嘴上。但是臧健和却能从妈妈的行动和只言片语中感觉到妈妈的爱是那么深，那么博大，那么无私。

记得当年妈妈知道她的孝心，生怕因此耽误了她的婚姻和幸福，告诉她选丈夫要找对自己好的，其他一切都不重要，你不要顾及我。还说对自己好这一条是最重要的。

臧健和知道妈妈的心，她不愿意让女儿牺牲自己的感情。有时候妈妈也会问她，有没有遇到喜欢的人。臧健和总是告诉妈妈，不急，会遇到的。

妈妈欣慰地点点头，看着女儿长大成人，变成亭亭玉立的大姑娘，这就是最开心的事情。她总是告诉臧健和说，不要太挑剔了，像咱们这样的家庭，只要人家不嫌弃又爱你就行了。

臧健和说：“当然得找不嫌弃咱的，但是更要找个咱们满意的。妈妈你就不用操心啦，我会领个最合适的回来。”

母女二人的对话最后都是以快乐的笑结束。臧健和很少看到妈妈笑，现在妈妈终于笑了，她觉得心里有说不出的快乐。妈妈瓜子脸，大眼睛，秀气的鼻子，小巧的嘴，典型的东方美女。可是因为过度操劳，被岁月在脸上留下了许多痕迹。可是在臧健和的眼里，妈妈的皱纹是那么舒展，那么动人。最重要的是，妈妈的美是在心里。外表的美只是一时的，会随着时光的消逝而消逝，可心灵的美却是永恒的。臧健和从小跟着妈妈长大，她深知妈妈的心是在怎样的忍让中，将真善美一点一滴浇灌在她心里的。过去的很多个夜晚，臧健和看着妈妈在昏暗的灯光下飞针走线，妈妈那无怨无悔的神情，深深地打动了臧健和。她告诉自己，一定要回报妈妈。

后来臧健和到了香港，与饺子打上了交道。在做饺子生意的过程中，她感受到妈妈身上的品质都在她这里延续。妈妈做事，总是怕别人不满意，臧健和也是这样。别人敬她一尺，她就敬别人一丈。只要顾客信得过她的饺子，她就充满了感激。她就努力地做出更可口美味的饺子，以此来报答顾客。顾客的声音就是她前进的方向。

多年以后，她终于做出了顾客满意的饺子，她终于得到了大家的认可，她终于可以让妈妈为自己骄傲了，可以让妈妈过上好日子了，可是妈妈却离去了。

命运有时候就是这样残酷，这么折磨人。每当夜深人静的时候，臧健和在一个人的世界里，想到妈妈泪水就止不住地往下流，她觉得妈妈的命真是太苦了。但是她又要不停地告诉自己，一定要坚强起来，要更加努力，做出更大的成就，也让天堂的妈妈放心自己。

她觉得在自己身上，有妈妈的力量在涌动着。她不是单纯的一个人，她是和妈妈在一起的。妈妈是她力量的推动者。妈妈生自尊心很强，也是有想法有追求的女人，只是由于当时条件的限制，妈妈的个人力量被封闭了，没有什么事业，不能大干一场。所以她一定要代替妈妈，把她没有完成的事业完成起来。原本人在极度悲伤的时候，都容易忘掉一切。过度沉浸在悲伤痛苦之中，眼睛里就没有其他东西了。但是，臧健和没有这样。悲伤成了她事业进步的动力。

臧健和是一个重情重理的人。她做事的时候很理智，但同时她也是个情感丰富的人。在情感和理智之间，她总能把握好分寸。她知道，情感与理智的“度”在哪里。在妈妈去世以后，她的心中留有悲伤的地盘，同时也留给事业一个地盘。而且这两块地盘还可以相互沟通，相互促进。臧健和认为，自己和妹妹都是妈妈含辛茹苦养育成人的，她和妹妹就是妈妈的事业。妈妈被抑制的事业心都种在了她的心里，是妈妈撒下了这粒种子。她一定要更加努力，在香港的土地上茁壮成长。如今她的北京水饺家喻户晓，不爱吃水饺的香港人，也渐渐知道、了解、爱上了她的北京水饺。这对她本人来说，就是一个水饺传奇。

失去挚爱的臧健和，用尽全力咽下自己满心的悲痛，处理完母亲的后事以后，又回到香港全心全意投入到自己的水饺事业之中。因为，只有努力工作，只有投身于事业，她才能排解失去母亲的巨大痛苦。

每年的11月到下一年的4月都是水饺旺季，年尾时候生意更是火爆，臧健和也是忙得不可开交。回到香港以后的臧健和总是在她的水饺厂里和工人们一起忙碌着……

她的北京水饺在各大超市的销量直线上涨，生意可谓是红红火火。她在经营中，生意每上一个台阶，她就会点上三炷清香，告诉亲爱的妈妈她的事业又取得进步了。告诉妈妈有哪些人帮助了她，她有什么体会，有什么经验和教训，每一点每一滴，都讲给妈妈。她想要跟妈妈分享生意上的成功，让妈妈开心，让妈妈知道自己过得很好，让她在天堂可以放心。

妈妈虽然不在了，但是她相信妈妈听了她的述说，她的精神和妈妈相遇，好像妈妈从未离开，一直陪在她的身边，用她那漂亮的眼睛看着自己。她觉得妈妈就在她的身体里，在她的灵魂中，妈妈分享了她事业上的成功。

“妈妈，今天我们就说到这里。改天我再过来看你，再和你聊天。”每逢跟妈妈告别，她就能感觉到妈妈就在她的身边，目送着她离开，她的心里就充满了力量，充满了温暖和幸福。

在一天夜里，臧健和告诉妈妈，香港贸易局举办了“美食博览会”，她收到邀请现场表演包水饺。在场内，她的摊位前围了好多人，因为有太多的人想要一睹她包水饺的绝技和风采。大家对她的技术都赞不绝口，表示很震惊。并且贸易局的领导还请她发表讲话，她当时特别自豪地说：“经过不断地探索和改革，她的北京水饺已经将北方风味融入地道的香港口味，成为不但是北方人，外地人也能接受，更为香港人所喜欢的食品。”臧健和兴奋地告诉妈妈：“香港人对吃的很讲究，要求也很高，香港人爱吃的水饺其他地方的人肯定也会喜欢。不少日本客户要求订货，可惜工厂生产能力有限，没办法满足他们的要求。但是妈妈，我们的家传手艺北京水饺现在已经被香港贸易局命名为名牌产品了，远销到东南亚等许多个国家。你传给我的水饺手艺还有爱心，已经向世界播撒。妈妈，这都是你力量的结晶呢，你开心吗？”

她还告诉妈妈，现在她的水饺厂已经有30多名员工了，日产水饺15000多个，年营业额超过500万港元。

妈妈一生虽然没有在社会上轰轰烈烈地干事业，但是她却作为一种力量伴随着女儿，让女儿的潜能爆发了出来。她的事业和成就都是妈妈的功劳，都源自于妈妈。现在大家都能吃到美味的北京水饺了，妈妈的心一定会为此欣慰吧。想到这里，臧健和就觉得更有原因和动力去努力！

从小，臧健和就看着妈妈的心，如何在生活的煎熬中，变得坚韧、强劲。后来渐渐长大，臧健和把妈妈藏在自己的心中，与自己的心合二为一。无论做什么事情，她都照着妈妈的心去做。

在成长的每一步，她都考虑着自己的做法是否能让妈妈满意。在人生的每一个关键时刻，臧健和都因为妈妈的这颗心而与众不同，因为妈妈的心，走上正确的道路。

美丽善良的女老板

臧健和的北京水饺，自从1978年她以一台木板车开始售卖时，就是她一个人经营。自己买菜，调馅儿，包皮，然后出售。只有她一个人做这些，所以并不存在管理的问题。可是在接下来的几年，她的北京水饺越做越火，顾客越来越多，她一个人就忙不过来了。于是，她只好雇人帮忙。雇了人就要对他们进行管理。尤其是从1982年，湾仔码头改建，臧健和在湾仔码头的小贩生涯被迫中止。她开始了小工厂批发形式，事业越做越大，同时雇的人也越来越多。到了1984年的时候，她又扩大经营，大量在超级市场、商场里面进行水饺出售。身边的人就更多了，而如何管理也就成了一个大问题。

管理可是一门大学问，它的方法有很多，并且，不同的人适合不同的方法，不同的时期适合不同的方法。如行政管理方法，法律管理方法，经济管理方法，还有思想工作方法……

这些用于现代企事业单位的高深的管理理论，臧健和都完全陌生。她既无缘在某个工商管理学院进修，也没有时间去专门思考如何管理。但她是一个很理智的女人，从小养成的理智和知人善用帮了她的大忙，这使她无师自通地实践了现代在大学课堂上才讲到的管理之道。而这些管理理论在臧健和这里早就轻车熟路了。她的理智总能帮她掌握人生的航向，并且在经营的过程中，她又充分运用了自己的理智，使她的情感不过界，理智不冷酷。在大是大非的问题上能够保持清醒，做起管理工作，能够举重若轻。于是，在企业管理的工作中，从未学过管理的臧健和做得有声有色，人人服气。

管理不能情绪化，也不能太过理智。臧健和在情感与理智之间，找到了一块中间地带。在这个中间地带，她能够恰如其分地处理人与人之间的各种矛盾，人性中的各种问题，以及这些问题带给工作的负面影响。臧健和说："跟我工作的老职工都知道，在工作中若是做得不好，我可以翻脸不认人。但是在私底下，生活中，我绝对尊重并且关心他们，从不会摆老板的谱。"

世界上没有十全十美的人，所以人都是有缺陷的，需要有一定的规章制度去制约，否则可能会做出意想不到的坏事。但人也是有感情的动物，没有了感情，可能就会像得不到阳光和水滋润的植物一样枯竭。所以，一个好的管理者必须要从这两方面下功夫，只有这样才能管理好一个企业，才能够做到人的心上去。

臧健和是一个很好的管理者，凡是和她做事的人，都能够感受到一种改变。这种改变是终身受益的，生命在于改变，没有改变的话就像是一潭死水。改变也是一种进化，一种提高。臧健和通过自己的管理，教会了很多人如何去做事，去做人。

在工作上，臧健和对她的员工十分严格。但是在别的方面，她却对他们关怀备至，使整个“湾仔码头”宛如一个温馨的大家庭。臧健和常说：“没有人情味的公司，怎么会有向心力的员工？没有向心力的员工，怎么会有高品质的产品？”

她认为只有“愉快”的员工，才能够包出“快乐”饺子和“爱心”饺子。这是一种多么了不起、又是多么朴素的道理啊！这让我们想起传奇足球教练博拉•米卢蒂诺维奇（中国人称他为米卢），他提出的“快乐足球”的理念帮助了无数热衷足球运动的专业和非专业人士。

臧健和对她的员工，总是充满了信任和爱。她初到香港创业时，曾经招收到一个工人。这个工人刚到臧健和这里时，只有18岁。因从小失去父亲，家中两个妹妹和一个弟弟都靠母亲带大，家境贫苦，受教育的程度很低。但因为看他人还老实，态度也诚恳，臧健和便留他帮工厂送货。

过了差不多半年，有一天这名工人突然告诉臧健和说要辞职，臧健和便问他：“是不是做得不开心，还是找到更好的工作，或是嫌臧姑娘太唠叨了？”

“都不是。”这名工人说道。

后来得知真正的原因是他从小在屋村长大，因为误交了朋友，几个月前和人打架打伤了人，被警察抓了去，而他的保释期即将届满，后天就要上法庭。

面对法院派来的感化官，臧健和对他说：“我看得出，这个孩子的本质真的不坏，只是因为他妈妈没有文化，从小又在那样复杂的环境下长大，接触的坏孩子多了，才误入歧途。这孩子年尾跟我送货，一天送3万多块钱，就放在袋子里揣在腰间，有时回来他见我累了，就不跟我结算了，等第二天一起算。两天的钱加在一起7万多，如果他本质坏的话，大可以一走了之，但他没有。而且他还很爱护他弟弟妹妹，我经常听他打电话给妈妈，问弟弟怎么样，妹妹有没有回来吃饭等等。”

感化官听完臧健和说的这些，严肃地望了望她，说：“你要知道，你是得做担保的，他要是出了什么问题，你是要负责的！”

“我敢，我真的敢。”臧健和如是说。

她认为那孩子本质是善良的，出于对他的信任和爱，臧健和答应为他作担保。她想用自己的行动打动感化官，打动这名工人，也想给他一个机会。所以，臧健和愿意冒这个险。最终感化官答应了臧健和的请求，给了这名工人一个机会。也正是这个机会，使得这名工人用自己的努力和诚实，重新站起来，成为了一个坦坦荡荡的人。

臧健和认为，管理员工与恋爱、结婚在某种程度上有着相同之处。就像是，爱一个人，想要对他好，但是最终不一定就能够跟他结婚。这里面有着很多复杂的因素，是理智最终起得作用，而管理一个企业也是这样的。既然是你的员工，听你指挥，你来管理他们，相处时间久了就会有感情。但是这种感情不一定就意味着你们可以一直保持这种关系。所有经营企业的人都会遇到炒员工“鱿鱼”的情况，而每一次的“炒鱿鱼”都需要管理者狠下心肠，否则你就没办法“炒”。他们天天在你的眼皮下工作，与你同甘共苦，但是因为一些原因你却不能要他了。这时，内心的感情就会不停地面临着选择、衡量。这也是人痛苦的时候。

臧健和对于“炒人”，总是下不了“狠心”。作为一位女性老板，她的管理总是充满了感情色彩。员工犯错误了，明知道应该惩罚，明知道不能原谅，但是最终她还是选择原谅，想给犯错误的员工改正的机会。她给人机会，让人改正，认为改过就好。爱是一种恒久的忍耐，需要仁爱之心。臧健和就用她的行动，做到了这一点。每当看到一个改过的员工，她的内心就充满了感激和快乐。

臧健和的管理中处处充满了宽容之心。

同时，员工对臧健和这个老板也充满了感激之情。他们都爱着臧健和。很少有经营者这么仁慈，愿意给员工改过的机会。明知道员工犯错误了，不应该原谅，可还是给他们机会。因着老板的爱心和仁爱，员工们内心的爱和友善就焕发出来了，他们感受着臧健和的不易、爱心，自己心中的干劲也就出来了。于是，臧健和的团队就成了一个有精神、有干劲、无比团结的团队。

有一个女工由于是外地过来的，不适应香港的生活，同时也影响了自己的工作。厂长看了她的工作情况，决定将其辞退。臧健和调查了一下这个员工的情况，原来她的丈夫刚刚去世，从内地来到香港想要挣点儿钱养家。她不会说香港话，孩子也还小需要照顾。臧健和在知道了情况以后，立刻向厂长说情，希望可以留下她。虽然臧健和知道厂长的做法是对的，但是她担心这个女工被炒以后，生存将会成为问题。一个女人流落于香港，无依无靠还要带着一个孩子。臧健和想到了刚来到香港的自己，那时自己也是这么走投无路，思来想去还是觉得不忍心。

经过臧健和的一再求情，厂长最终同意把这个女工留下来，臧健和心中的大石头最终也落了地。她是理智的，但同时她的理智又是以博大的情怀为基础的。她在管理上的方法，秉承了她的一贯风格。这就是情与理两者“度”的把握。顺乎人性自然，合乎心灵尺度，但是也符合现实的需要。一件事情，如果现实是否定的，她就会毫不犹豫地割舍。哪怕是关乎人生的至爱至情，臧健和也会选择一条现实的道路去走。

臧健和是一个仁爱的人，但这并不代表她不会拒绝。毕竟有时候，拒绝也是为了更深的理智召唤。在对待员工的态度上，她一向是仁慈的，但她也有拒绝员工的时候，辞掉员工的时候。只是，这种情况实在是太少了，但是也因为很少，所以印象比较深刻。

在她的管理生涯之中，只炒过一个人。她忍痛做出“炒人”的这次决定，这辈子都很难忘记。

这是一个厨房的师傅。

因为臧健和是护士出身，对厨房师傅的要求一向很严格。无论是做饭口味，还是卫生，臧健和总是盯得最紧，也说得最多。听得多了，这位厨房师傅开始不耐烦了，反而对臧健和的话产生了抵触情绪。他冲着臧健和说：“臧健和，你现在名气这么大，谁都知道你的饺子好吃啊，你看咱们每天的货都不够，随便做就可以了，反正做成什么味道都能卖出去的，你还天天这么死盯着，你不觉得累吗？其实现在品牌已经做起来了，不用这样了，否则你会累死的，就算你不累我还累呢。”

臧健和听了厨房师傅的话，不由得愣住了。她没想到厨房师傅竟然会这么认为，竟然会说出这样的话。这是一个厨房师傅该有的意识吗？北京水饺是她一点一滴费尽心血认真做、认真研究才走到今天这一步的，正是她的一丝不苟，才从一个小摊子慢慢发展起来。如果按厨房师傅的说法，一定会毁掉她的北京水饺、她的品牌，毁掉顾客对她的信任。

当时臧健和气急了，很少对员工发脾气的臧健和无法控制地发起脾气来。她之所以生气，不是因为这位厨房师傅直呼其名，而是因为他对产品质量的态度，对品牌的忽视。因为厂房比较小，她大发脾气的声音全厂的人都听到了。大家都没见过臧姑娘会发这么大的火。许多员工都一脸困惑地听臧姑娘的火气话。

“你是在我湾仔码头北京水饺第一个说随便做的人，也是最后一个说随便做的人。”这是臧健和对厨房师傅的最后一句话。

臧健和发火了，虽然她知道厨房师傅可能是因为听够了自己唠叨，于是发发牢骚。可是“随便做”，这三个字太伤她的心了。她为了顾客的口味和信任，夜以继日地琢磨，生怕顾客有一点点的不满意，从不敢有一丝懈怠。可是这个厨房师傅，竟然这么说，就算是一念之差也是不能原谅的。否则，因为他的一念之差，将会有多少“随便做”的水饺送到信任她的顾客的餐桌上啊！信任这种东西一旦失去了，就很难建立。想到这里，她心中的火才无法控制地爆发了。

同时，她对全厂职工大声说道：“在这里工作的每一个人都要一丝不苟，如果谁再有厨房师傅的想法，我们就没法再合作下去。”说着，她给厨房师傅开了工资，请他走人。

厨房师傅走了，臧健和的泪水也忍不住地流下来。为了爱着她、信任着她的顾客，她只能忍痛炒掉了这位师傅。像三国时的名相诸葛亮一样，臧健和挥泪斩马谡，以正军纪，以壮军威。

在理智和情感之间，她懂得应该放弃什么，选择什么。

回头看臧健和年轻的时代，那时的她正处于青春四射的年龄。但是，她对于选择和割舍却表现出了超出年龄的智慧。正是这种智慧，才使臧健和的水饺王国得以长久。

第六章 缔造神话

天外飞鸿：Pillsbury

1997年，香港回到了阔别多年的母亲怀抱。全国上下一片欢腾，臧健和也非常开心。内地和香港终于紧密联系在一起了。她向香港妇女界及老人中心送出了1997盒水饺和汤圆，受到了广大市民的热情赞扬。

臧姑娘的水饺卖火了，湾仔码头北京水饺每天的利润都在创新高。这时候的臧健和，在人们眼里不仅仅是个成功的女人，更是个有魅力的女人。因为她的穿着总是那么得体而又时尚，天生丽质的臧健和变得更加美丽动人。许多人从电视上或者是报纸上看到她，觉得她很漂亮，根本不像是做水饺的。在生活中碰到她的人会发现，她比电视上更美丽。

几年来，她的水饺赢得了广泛的市场，在香港很有名气。曾经有许多公司来找她，想要和她合作。但是臧健和都拒绝了。因为她知道什么时候应该放弃，知道什么时候应该拒绝。“湾仔码头”是自己和女儿多年心血灌注而成的品牌，是与生命脉络相连的一部分。但把生意做大是臧健和的心愿，她渴望借助一个管理更规范、科技更先进、历史更悠久的专业公司的力量更上层楼。

1996年夏天，是臧健和生意最好的时候，也是臧健和最忙的时候。蓓蓓告诉她，美国的Pillsbury食品公司想要与她合作。这家公司是美国第三、全球第五大食品集团，也是全球产值最大的冷冻食品巨头，是一家财富500强企业，拥有上百年历史，主要从事食品制作业务，哈根达斯冰淇淋即是公司旗下所拥有的世界著名品牌之一。听了女儿的话，臧健和觉得这是个机会，但是她并没有动心。臧健和是一个很能沉得住气的人，无论什么事情，没有把握的情况下，她都不会做决定。面对再大的诱惑，再多的利益，她也不会心动。因为她深深知道，任何决定，一旦做了就可能带来生机或者是痛苦，而且永远无法后悔，所以必须要很慎重。

在臧健和的内心深处，她一直在等待着那个真诚的召唤。她遇到过的这些想与她合作的公司，要么是打出品牌的旗号，要么就是提出苛刻的要求，这些都让她觉得没有诚意，感觉不到真诚。而她想要的就是真诚。她只好等待，等待着真诚愿意与她合作的人。

有人问，生意场上尔虞我诈，真真假假，虚虚实实，会有真诚吗？

臧健和的回答是：“有。诚信是合作的基石，有真情真意，才能够好好合作。只要你是真诚的，就会遇到另外一颗真诚的心。”

她遇到过这种真心，她也相信，以后一定还会遇到。

目下流行的《大学生诚信守则》（试行），正是看到了这种以诚为本中强调了以信立身的重要性：

立身诚为本，处世信为基。

养德始于真，修业成于勤。

忠诚报祖国，荣耻铭于心。

信仰须高洁，立场当坚定。

精诚探真知，独创著文章。

评奖要真实，考试应自警。

真挚敬师长，坦诚待同学。

文明行网络，是非应辨明。

花销要适度，兼职重信誉。

诚实求助贷，守信还款清。

客观荐自我，郑重许承诺。

踏实干事业，契约必践行。

终身追求真诚、诚信的臧健和，是如此看重“诚信”二字：宁肯不合作，也要在真诚、诚信的基础上合作。

1996年夏天，当蓓蓓第一次对她说美国Pillsbury食品公司有意跟她合作时，臧健和并没有动心。可是现在，她却心动了。因为她遇到了真诚。

她勇敢地迎了上去，袒露出了自己的真诚。

那是很有意义的一天，臧健和接到了来自Pillsbury公司中国区总经理张志忠先生的电话。张先生在电话中说：“我们觉得这个生意很有前途，我们也明白您的这个品牌的重要性和您对水饺的了解，我们公司也有一套很强的管理方式和科技水平。如果两者合二为一，一定会有一个好的前景。你帮我们，我们帮你。我们一定会做得更好。”

你帮我们，我们帮你，这话说得多好。以往来找臧健和合作的几家公司，都是强调他们自己方面的优势，能给她带来什么样的帮助和发展。但臧健和心里想，你们那么厉害，为什么还要跟我合作呢？这明显是矛盾的啊！而且完全没有把别人放在眼里，缺乏诚意，所以臧健和统统予以拒绝。

可是现在，她从张先生的话中感受到了真诚，听了他的分析，臧健和觉得这个合作是可行的。老翻译家傅雷说：“有了真诚，才会有虚心，有了虚心，才肯丢开自己去了解别人，也才能放下虚伪的自尊心去了解自己。建筑在了解自己了解别人上面的爱，才不是盲目的爱。”

虽然这样，但臧健和心中还是有犹豫，毕竟这是美国的公司，美国公司做中国的传统食品，会有人喜欢吗？会有人买吗？臧健和心里没底。

但好在，臧健和有极强的自信和超强的判断力。

臧健和相信，人生中遇到的每一次机遇，都是命运对她的召唤。只不过有的召唤会让她走得更好，有的召唤会让她陷入困境。所以，她必须慎重决定。现在，虽然听到了张先生的一番诚意，但是她对合作的前景如何还是没有把握。

臧健和在理不清头绪的情况下，宁愿选择等待。她相信，时间会告诉她应该怎么做的，自己着急也没有用。于是她并没有接受，仍然全心全意地打理自己的生意。

又是几个月过去了，其间，张先生一直与臧健和保持着联系。几次主动找她进行洽谈，后来有人称之为“三顾茅庐”。当时，臧健和的小女儿蓬蓬在加拿大温哥华读大学，臧健和决定与蓓蓓一起去温哥华看她。张先生在知道了这个情况以后，就邀请她们母女顺便去美国参观他们的公司，以及在美国明尼阿波利斯的食品工厂。臧健和又一次感觉到了真诚的召唤。

的确，为什么不去参观一下呢？这是一个很好的机会，美国人到底喜欢不喜欢吃水饺，能不能经营好，自己亲自去看一下不就一目了然了吗？于是臧健和去了食品公司，在张志忠先生的全程陪同下，参观了这个有90多年历史的美国第三大食品集团公司。该公司雄厚的技术力量震撼了臧健和。在参观的过程中，臧健和的心彻底动了。她从没想过，包饺子这么一个简单的动作竟然可以上升到技术图像的地步，并且还由一帮博士专门研究制作饺子。从此，她看到了自己北京水饺的前途，她感觉到命运真的再一次向她招手了。

臧健和说：“看到美国食品公司那些先进的设备，那种有条不紊的管理，我还没有离开人家工厂，就答应跟他们合作了。”说着这些话的时候，臧健和满脸的轻松愉快，仿佛给自己的女儿找到了好婆家一般释怀。

“兴奋的原因是，我一开始做生意，到把生意做大，一直需要并期待着一个老师，可以指导我把水饺做得更好。而美国

Pillsbury食品公司是一间有着90多年历史，对面粉食品特别精通的大公司，也是美国第三大食品集团，他们的知识比我丰富，科技和管理都比我先进。最重要的是，是他们正帮我实现我的梦想，我终于可以做13亿中国人吃的水饺了；而未来，借助他们在世界上的网络，我还可以做给世界各地的人吃。打个比喻，那感觉就像如愿以偿地找到了一个好老公。”臧健和如是说。

臧健和这时才发现，自己多年经营的水饺，自己辛辛苦苦创造出来的品牌，终于有了一个合适的合作伙伴，一个很好的老师。她觉得命运这一次对她的招手，是对她的恩典。因为她深信，合作以后湾仔码头北京水饺一定会上一个台阶！

1997年7月17日，上午11点，在中环百富勒大厦，代表“湾仔码头”和美国Pillsbury食品公司的双方律师、美国公司的高层人员，以及臧健和与大女儿黄蓓，终于坐在了一起，准备签约仪式。当臧健和与女儿的目光相接时，她有过短暂的犹豫。毕竟是她和女儿付出了别人无法想象的心血和汗水，才有了湾仔码头这个品牌。她觉得不舍。可是很快臧健和就恢复了自己理智的一面，大笔一挥，用她的话说是，把湾仔码头“嫁出去”了。

在这次合资中，臧健和占30%的股份，美方占70%。两强结合，为的就是双赢。臧健和觉得，这次合作让她的梦想有了落地的机会，距离她把北京水饺推广至全世界每一个角落的梦想又近了一步。她想要全世界的人，像认识美国的汉堡和意大利的披萨那样，认识中国的水饺。她决定与这个公司合作，也是为了实现自己的梦想。

臧健和常常说，我要以麦当劳、肯德基作为我发展的方向和目标，虽然经营方式不同，但是中国的水饺这么好吃，工艺这么齐全，少说也有3000年的历史了，它包含了中国的历史文化，并且还是中国非常吉祥的食品，过年包饺子，有喜事吃饺子，这都成了一种文化。肯德基能够风靡全球，水饺一定也可以。

为了这个梦想，臧健和早就在心里酝酿改变企业的经营模式，向更加广阔的世界进军，只是苦于没有合作伙伴。现在有了Pillsbury食品公司的帮助，臧健和经过一番参观，立刻拍板决定合作。看上去很是爽快，其实臧健和早已准备和酝酿了许久。

蓓蓓为了这次合资，几个夜晚的不睡觉，处理双方律师雪片般飞来的英文信件。大约有半年时间，蓓蓓每天都要工作十六七个小时。臧健和深知女儿的压力和辛苦，但是她却别无他法。只能关心她按时吃饭，不要太累了。

这次合资，是她们母女俩的一次“赌博”。这寄托了臧健和要将自己的水饺端上全球餐桌的梦想，所以她一定要“赌”下去。在谈判的过程中，臧健和从来没有谈过价钱。她常常问到的是“我能不能做到中国的北部去？能不能做到中国的南部去？能不能做到世界各地？”

负责此项目的律师和会计都觉得很奇怪：“我们从没有见过一个客户谈这么久，却没有谈到钱的。”但蓓蓓理解妈妈的心情，她明白能不能做到世界各地才是这次合资的目的，才是妈妈关心的，因为这是她的梦想。在妈妈眼里，金钱不算什么，只有梦想才是最重要的。为了梦想，妈妈在进行着一场赌博。正因为明白妈妈的心情，蓓蓓才这么不辞辛苦，就算再累，再难，也不吭一声。

实践证明，臧健和赌赢了。

香港·上海·广州

臧健和终于要启动深藏在心中的梦想了。她要把用汗水和血泪灌溉的湾仔码头北京水饺端上世界各国人民的餐桌。

她在合资之初就计划着在中国开6～10家工厂，一个地区一个地区地发展，然后遍布整个中国市场。虽然经历了亚洲金融风暴，但是凭借着聪明和理智臧健和放慢脚步，稳扎稳打，最大限度地使湾仔码头北京水饺减少损失。

合资以后，湾仔码头北京水饺拥有了HACCP的质检系统。

HACCP是由美国太空总署(NASA)，陆军Natick实验室和美国Pillsbury公司共同发展而成，最初是为了制造100%安全的太空食品。上世纪60年代初期，Pillsbury公司在为美国太空项目尽其努力提供食品期间，率先应用HACCP概念。Pillsbury公司认为他们现用的质量控制技术，并不能提供充分的安全措施来防止食品生产中的污染。确保安全的唯一方法是研发一个预防性体系，防止生产过程中危害的发生。从此，Pillsbury公司的体系作为食品安全控制最新的方法被全世界认可。但它不是零风险体系，其设计目的是为尽量减小食品安全危害。

HACCP概念的雏形是1971年由美国国家食品保护会议上首次被提出，1973年美国药物管理局FDA首次将HACCP食品加工控制概念应用于罐头食品加工中，以防止腊肠毒菌感染。1977年美国水产界的专家LEE首次将HACCP概念运用于水产品。

在1985年，美国国家科学院建议与食品相关之各政府机构应使用较具科学根据之HACCP方法于稽查工作上，并鉴于HACCP实施于罐头食品成功例子之经验，建议所有执法机构均应采用HACCP方法，对食品加工业应于强制执行。1986年，美国国会要求美国海洋渔业服务处研订一套以HACCP为基础之水产品强制稽查制度。NMFS于是执行了MSSP来订定以HACCP为基础之稽查系统。

拥有了HACCP这种质检系统，这样就能更好地保证水饺的质量和新鲜，这对于湾仔码头水饺来说是一次质的提升，从而突破了冷冻类食品难登大雅之堂的传统观念，使水饺真正走进了千家万户的餐桌，成为深受人们喜爱的美食。

因为有了湾仔码头水饺，大家再也不用担心水饺变质的问题，什么时候想吃就可以吃到和自己手工制作的水饺口味相同，甚至更加美味的水饺。湾仔码头北京水饺真正地走向了世界，臧健和自己也跟着湾仔码头走向世界，不停地调整自己的角色，转换自己的思维。从小贩到山寨工厂，到扩大企业，到冲出家庭模式走向世界，一路下来臧健和的眼界和胸怀也一步步地提高，一步步地向前跨越。

臧健和觉得这次自己确实赌对了，这是非常成功的合资，通过这次合资她的水饺走进了更加广阔的世界，也让更多的人开始认识水饺。臧健和来香港创业，不知疲倦地奔波、忙碌，夜以继日地努力钻研水饺，就是为了有一天大家都能接受她的水饺，喜欢她的水饺。但是她做水饺的初衷只是因为生活所迫，为了养家糊口，后来随着她的水饺事业蒸蒸日上，养家糊口已经不是她的目标了。让全世界的人都知道饺子，了解中国的饺子文化，并且爱上饺子这种美食，这才是她的理想。为了这个理想，她不断地钻研饺子技术，日日想着如何提高水饺的品质。用臧健和的话说："每次吃到好吃的菜式，我都想想如何可以将它做成好吃的水饺，有次吃到一款四川名菜——辣味酸菜鱼，我就想到如何可以将之变成水饺，感觉应该很新鲜吧。"她对水饺的口味特别重视，一直都是精益求精。每次做出新产品，大家都认为成功了，她总是还觉得不够好，不满意，不是说水加少了，就是肉搅拌的时间短了。她总是能够找出别人看不出的问题。而实践证明，她往往都是对的。臧健和用她丰富的经验达到这种高度。此时已经身为老板的臧健和，对手下工作人员的要求又高又多，相当严格。用蓓蓓的话说，她的要求是99，你做到90分她也不会满意。她会毫不客气地让你改，也不管你做得多么辛苦，因为在她看来工作就是工作，没有什么要留情的。所以不了解她为人的员工，绝对会以为她是无良资本家，一走了之。她的高标准、严要求，确实让很多人受不了。

湾仔码头北京水饺成功走向了世界，事实证明了臧健和做水饺的尺度是消费者最满意的尺度。多少年来，她自己买肉买菜调馅儿，日复一日，已经形成自己精确的尺度。这是一般人不能企及的，她用自己的尺度去衡量属下，无论在谁那里出了问题，她都毫不留情。她如此严格，都是为了心中的那个梦想。现在美国的Pillsbury食品公司已经跟她合资，这无疑为她的梦想插上了翅膀。她准备好了，机会都是青睐有准备的人，她一定要飞，一定要展翅高飞！

随着臧健和的事业越做越大，她的家乡情结也便更紧地纠缠着她。她要到内地投资，到家乡投资，她要为家乡做事。臧健和选择合作伙伴的必要条件之一，也是一定要到中国内地投资。此时，学工商管理的蓓蓓已经从加拿大学成归来，帮助母亲打理生意。蓓蓓帮臧健和分析了，投资到香港，一年就可以收回成本，但是市场小，投资内地虽然市场潜力很大，成本和房租低，但是回本却需要三年时间。

听了女儿的分析，臧健和依然不为所动，无论回本时间长短，她都一定要回到内地投资。蓓蓓很不了解妈妈的做法，作为商人，这完全是应该舍弃的投资。但臧健和对她说："蓓蓓，你知道香港发展得很快，现在香港也已经很繁荣。很多人争相来这里投资，香港的发展，多我们一个不多，少我们一个也不少。在这里，我们投资与否作用和影响都不大。可是，家乡不一样。回家乡投资，多我们一个就多，少一个就少。虽然三年才能回本，但是因此可以帮助多少人你算过没有？如果一样都能赚到钱的话，为什么不选择既可以帮到人又能赚到钱的呢？”

此时臧健和的做法，已经完全超越了商业动机，这是一种解不开的家乡情结在支配着她。臧健和对记者说，到大陆投资，她是怀着一种特殊的情怀来的。投资赚钱是第二位的，繁荣家乡是第一位的。若是回报家乡的同时也能赚到钱那是最美好的，也可以说那是最成功的投资。

“我打算到大陆设厂，那里的劳动力和场地租金都比较便宜。这样大量生产，我的水饺就可以销往世界各地，成为国际美食。”臧健和对记者如是说。

这是臧健和从商业角度上的衡量，但更多的是一种对家乡解不开的情节。这是比商业衡量更深地占据她内心的衡量。每每想到家乡青岛，她就有一种说不出的激动。这方水土养育了她，教导她长大成人。无论何时想到家乡，她都忍不住想要流泪。

她永远不会忘记。1980年她第一次从香港回青岛，在这之前的一周她都无法入睡，内心充满了激动和兴奋，家乡的往事历历在目，到了回家那天，她更是激动兴奋得难以自已。终于能回到久违的故乡了啊！臧健和潸然落泪。尤其是在到青岛的船上，遥望着故乡，望眼欲穿。不知不觉眼泪就掉了下来，女儿们看着流泪不止的妈妈，满脸疑惑。她们不懂妈妈为什么哭了，不理解妈妈对家乡的复杂情怀，她们只是开心地笑着、跳着。

终于到青岛了，臧健和站在故乡的土地上，感觉是在做梦一般。“望穿故乡水，梦中几时回？苍天雨霏霏，为我把泪垂。”古人的诗句正是对臧健和思念故乡之情的写照。虽然那天没有下雨，但她的心里正在下雨，下着对故乡、对故乡亲人思念的情雨。坐在车上，听着司机给她讲国家改革开放以后家乡的变化，尤其是听到司机说现在农民都能吃饱了，臧健和的眼泪一下子就流出来了。她想到了小时候的自己，那时候缺衣少食，日子很艰苦。能吃饱穿暖就是很幸福的生活了。用臧健和的话说：“我曾经一直在想一个想不通的问题，为什么农民们面朝黄土背朝天地操劳，却吃不饱饭。”现在她听说农民都能吃饱饭了，一种发自内心的感动涌上心头，泪水也跟着涌出来。

臧健和两者都做到了。

上海是臧健和在内地投资的首选地，她觉得上海人喜欢吃水饺，而且更容易接收外来新鲜事物，生活水平比较高，人均购买力也比较强。臧健和把目标锁定在了月薪2500块的中产阶层，她相信她的北京水饺一定会像在香港那样畅销。

实践证明，臧健和的眼光是长远而独到的。1998年，上海的确是一个投资的绝好环境。

这一年的元月16日，美国德尔福汽车系统公司投资2900万美元，在外高桥保税区设立转向器与制动装置生产厂，同一天，孙桥农业开发公司与同济大学等6家单位，共建科教和科技中试产业化示范基地成立；第二天，东方国际集团、兰生股份有限公司、抽纱进出口公司等20多家上海外贸企业在浦东时代广场设立“外贸商品展示销售中心”；24日，上海浦东新区推出三项新的“人才政策”，敞开大门欢迎各地优秀人才加入浦东开发队伍。新区党工委决定成立浦东新区知识分子工作领导小组，组建博士及高级科技专业人才工作站，为引进人才提供“一条龙”服务；27日，由我国最大的远洋集装箱运输船队组成的中远集装箱运输有限公司在浦东新区成立，中共中央政治局委员、国务院副总理吴邦国为公司揭牌。

2月6日，由世界最大的食品制造集团DLAGEO集团子公司美国品食乐冷冻食品有限公司与上海市食品集团公司合资组建的上海品食乐冷冻食品有限公司落户金桥出口加工区；8日，中国美术学院上海设计艺术分院落户张江高科技园区；一周之后，香港电视企业集团、印度全国信息技术学院和上海高校浦东继续教育中心联合组建的PCEC上海天唯信息技术学校挂牌成立；26日，浦东新区召开1998年招商引资工作会议，会议确定全年的招商目标和任务，要求把招商引资工作作为新区经济工作的中心工作，同日，全球电子最大的专业生产连接器系统的企业——上海莫仕连接器有限公司正式获营业执照，成为在浦东的第5000家外商投资企业，第二天，外高桥股份有限公司和大通国际运输有限公司签订6.6万平方米的土地转让合同，将投资1.8亿元在外高桥保税区兴建国际大型物流中心。

3月17日，华东地区规模最大的汽配超市——上海由由汽配市场在浦东落成；20日，上海第二医科大学附属瑞金医院、浦东新区土地发展（控股）公司和日本株式会社关东医学研究所、日本株式会社日本医疗事务中心合作，共同投资建设的综合性医院——上海瑞东医院在花木地区建成开业；30日，上海唯一的一家中外合资银行——上海巴黎银行落户浦东……

1998年3月臧健和在上海投资建了北京水饺冷冻食品合资企业，7月份在上海推出了手工包制的湾仔码头水饺和馄饨。工厂建立以后，她基本每两三个星期就到上海一次，她对上海工厂充满了爱护和期待，但是上海的工厂偏偏和预期还有一定的距离。

上海是她在内地投资的首选地，寄托了她对大陆的情怀和梦想。她希望她的水饺能够在上海打响，然后响遍大陆。

然而没想到的是，上海人确实喜欢吃水饺，但是上海人更喜欢自己亲手包水饺，很少去超市买着吃。而且上海人的口味与香港人有很大差别，她的水饺风行香港，却没有风行上海。虽然在上海也占有一定的市场份额，但并没有想象中的如意。不过上海人毕竟是吃到她的水饺了，一传十十传百地将她的水饺宣传了出去，虽然没有想象中的速度，但以她水饺的品质占领上海也是迟早的事情。

接着，臧健和的目光又到了广东。

1998年的广东，也是一番全新的气象——

首先，在这一年的元月6日，广州市经济工作会议召开，会议提出是年经济工作的总体要求，计划全市年内国内生产总值增长13%，第二天，市经济体制改革工作会议召开。会议提出，年内经济体制改革要在所有制结构的调整和完善、整体上搞活国有经济、建立政企分开的投融资体制等九个方面实现新突破；两天之后，广州市建设工作会议召开，会议通过全年全市计划投入固定资产及城市维护建设资金127.66亿元，13日，市商业工作会议召开，会议提出，广州市要通过以资本为纽带的联合、兼并、参股等形式，重组3至4个“重中之重”的大型企业集团，推进100户解困转制与“放小”企业的改革。

这些，都是对臧健和有益的因素。

2月13日，广州市有58个商标被认定为广州著名商标，27日，广州市12个商标被认定为广东著名商标，24日，广州市下九路、第十市路被中共中央宣传部、国内贸易部、国家工商局和国家技术监督局确定为全国“百城万店无假货”活动15条示范街之一，28日正式挂牌；新大新公司、友谊商店股份有限公司被列入全国百家示范点。

5月8日，美国花旗银行广州分行开业。至此，在广州市设立的外资银行分行14家、保险分公司2家和42家代表处，外资金融机构的数量居全国第三位。

6月6日，广州地铁一号线轨道工程东西段全线在广州东站铺通。至此，地铁一号线轨道工程铺设短轨工作全部完成。

7月27日，据《南方日报》报道：花都市的无公害蔬菜“HDV”成为国家注册商标。这是我国第一个蔬菜商标。

9月26日，98广州国际美食节、中国旅游艺术节暨广东欢乐节在广州天河体育中心开幕。本次活动有300多家海内外企业、2000多人员参加，居历年之最，共接待了80万游客，销售额达4800万元……

广州，以一个巨人的姿态，在大踏步地前进，这都对臧健和进军广州市场甚有裨益。

在上海以后，1998年9月臧健和又打入广州市场，推出了手工包制的湾仔码头水饺和馄饨。12月份，推出了手工包制的湾仔码头汤圆，转年，又进军北京市场。

没想到的是，湾仔码头在广州的进军之行却出奇地顺利。因为广州人的口味与香港人相似，而且广州人自己不喜欢动手包，臧健和的北京水饺算是找到了肥沃的土壤，很快就风行了广州。广州人很喜欢吃臧姑娘的北京水饺，而且臧健和还发现，广州是中国各大城市中速冻饺子类食品消费力量最强的地方。北京水饺一经推出，立刻收到广大广州人民的欢迎。其受欢迎程度，完全可以跟肯德基、麦当劳媲美。这也应了当初臧健和合资时的心愿，要像肯德基那样广受欢迎。她的梦想正在实现。

除了在上海、广州设厂以外，零售方面也分布了接近20个不同的城市。与美国公司合作以后，公司营业额接近十几倍的增长，生产率的增长更是接近20倍。

湾仔码头水饺自从进入台湾市场以来，就占据了冷冻水饺市场的领导地位。秘诀就在于臧姑娘一丝不苟、追求完美的精神。用先进的技术研发和科学严谨的管理，使“湾仔码头”品牌走向国际，远销北美和欧洲市场，成为世界的美食！

臧健和的北京水饺在美国PILLSBURY公司的现代化管理和高科技的支持下，犹如插上翅膀高飞的雄鹰，飞到了内地，坐落在上海、广州、北京，之后又飞到了她的家乡山东，然后又飞到西部，渐渐飞遍全中国……香港总部、上海、广州、北京，在那里的生产基地就像臧姑娘手里的水饺，一个一个饱满实在，臧姑娘要把这些“水饺”摆满全世界。

湾仔码头产品在整个生产过程中，均采用世界上最先进的安全管理体系HACCP，这是给美国太空人做食品的标准来为消费者服务。通过层层严格的检控，确保“湾仔码头”产品的高品质，确保广大消费者能吃到更美味、更营养、更健康的水饺。

对臧健和来说，“水饺不只是果腹的食物，而是可以欣赏品尝的美食”。因为饺子需要细细品味的更是背后的文化精神。她曾经说过，中国北方的家庭里，家家户户就算过年再穷都要想办法包饺子，吃饺子已经成为文化的一部分，而每个饺子也都投射出妈妈对家人的用心关爱。

从30多年前，她决定在湾仔码头卖水饺开始，她就用这样的心情在制作每一个饺子，就像每个妈妈要做给她们孩子的食物一样，一定是给最好的。她把每一个能欣赏她的饺子的客人，当成她的朋友。所以，臧健和很重视他们吃饺子时的心情，和每一个反应。

此时的臧健和，事业已经到了高峰。但是她并不知足，她的爱心始终盯着更广大的人群。虽然没有学过市场学，但她善于思考，善于研究，喜欢琢磨消费者的心理，时刻关注饮食潮流和趋势。很快她发现了很多女士都为了瘦身，只吃精致、清淡、不含肥肉的食物。她还发现很多小孩子挑食，食欲不振。她就想起来了小时候妈妈做给自己的小云吞。小云吞既清淡又精致，吃起来有种幸福的感觉，更重要的是包含了妈妈对自己的爱。每次吃到小云吞，臧健和都会感觉到妈妈对自己的关心。想到那些减肥的女士，还有挑食的小孩子，她的创造力再一次迸发。

云吞是广东小吃的一种，源于北方的“馄饨”，初期被归类为饼的一种。传入南方时因“馄饨”与“云吞”的粤语发音相近，又取其“一口一颗”的意思，于是南方人逐渐把“馄饨”称为“云吞”。再后来经过长期的发展，南方的“云吞”亦有了自己独立的风格，跟目前北方的馄饨有一定区别。云吞与四川人叫的“抄手”相类似，不过用料、外形略有不同。

云吞的制法是以云吞皮包裹着剁碎的馅料。广东云吞的皮以鸡蛋及面粉制成，切成约8×8cm的正方形。馅料则常见为猪肉、菜（如香菜、芹菜）和葱花混合剁碎并调味而成，也有加入虾仁、鱼碎、蛋黄、香菇、马蹄制作的云吞馅。广东云吞的包法一般讲求快速，不一定要逐步整齐折合起来。大小则以能一口吞下一颗为标准。云吞多数是以开水煮熟，加入面和汤成为云吞面。亦有只吃净云吞。在香港，亦有部分餐馆把云吞放在热油内炸至金黄香脆奉客，是为“炸云吞”，此做法亦在外国流行。

然而，流行于南方的云吞，能够适合北方人的口味吗？对于那些热衷于减肥、习惯于挑食的人来说，应该怎么去定位云吞这种精巧的美食呢？

臧健和开始研究小云吞，反复思考、琢磨。她想让那些减肥和挑食的人能感受到北京水饺的人文关怀。让他们知道，这些是特意为他们创造的。终于，在臧健和的努力下，历经一年的研究，臧健和终于推出了体积小巧精致的小云吞。臧健和取名为“粒粒小云吞”，很小资、很女性、很关爱的名字。这种云吞集南北之长，皮薄馅儿大，口感很好，每只净重8克。根据南北口味的不同，她特意做了两种口味的小云吞。“青菜猪肉”选用北方人常吃的荠菜，荠菜营养价值很高，而且具有很浓烈的香味，还附赠紫菜汤底。“鲜虾”味改良了广东传统云吞，味道更好，更为爽滑。

臧健和的意图非常明白，不管是南方还是北方，粒粒小云吞通吃！如果用诗人郭小川的诗句来问臧健和：“何必这样问呢——到底更爱南方，还是北方？”臧健和或许会引用郭小川的下一句诗来回答：“我只能回答——我们的国土到处都是一样。”是啊，掌握了南方和北方人口味之后的小云吞，应该能够调好南方和北方人的口味的。从这样的角度来说，可不就是南方和北方一样——我们的国土到处都是一样嘛！

臧健和把自己的爱心不断地注入到湾仔码头品牌中，并且不断地研发，不断地提高。每研制出一款新产品，她都会进行市场调研，期待着市场的声音。然后从这些声音中，认真地找出缺点和不足，进一步改进自己的产品，力求尽善尽美。

臧健和很喜欢劳斯莱斯创始人亨利·莱斯爵士的一句话：“圣之道至善至美，不为至善至美者，创之造之。”臧健和也是这样做的，她总是尽力把自己的产品做到最好，至善至美，符合圣之道。

臧健和对待生活也是这样，总是为至善至美而努力。每一天，每一刻，她都不放过。

臧健和说："人生好比爬山，当我很仰慕那座山想要征服它时，我估量一下自己的能力，设定自己爬上1/3就很开心了。但是，人是有上进心的，爬到2/3的高度时，往下一看风景不同了，再往上一看，还那么高，就会选择继续征服。就这样，一步步地往上爬，最后的目标在山顶。到了山顶上，是否高处不胜寒，我不知道，但是我一定要上去试一试，现在我就处在不断往上攀登的时候。"

刚到香港时，臧健和的一个朋友说她有一个愿望，就是赚够5万块钱，就衣锦还乡。臧健和当时就告诉她："5万？10万、100万在我眼里都不算什么。"那时的她两手空空，温饱都是问题，可她却能说出这样的话。在她的潜意识中，她已经做好了大干一场的准备。

臧健和初来香港，筹集千元钱，自己动手制作木头车，购买灶具、水饺材料，在湾仔码头做流动小贩。寒冷的冬天，两个女儿的手被冷水冻得发红，她们被管理队追捕，小女儿做梦都喊着"妈妈快跑"……如今的她，已经取得了成功，大家看到的都是她的辉煌，她的荣誉。可是如果没有当时的苦，怎么有今天的一切？过去和今日，天壤之别，可是过去和今日，又是紧密相联的。臧健和永远不会忘记她的过去，那七年的小贩生涯让她懂得了很多，学会了许多。无论现在她多么成功，她都不会忘本，她都坦然地告诉别人，我是小贩出身。

她成功了，她是从失败婚姻中成功走出来的女人：那时的她，离婚妇女，单身妈妈，带着两个女儿，又当爹又当妈。她富贵了，她是从社会底层里奋斗出来的人。她从一辆木头车起步，挣下了亿万家资。她的故事听起来是一个神话，充满了传奇色彩。其实里面充满了必然性，这些都是具有现实意义的人生。

掌声响起来

1991年，香港贸发局将臧健和主理的北京水饺评为香港名牌产品，并邀请她在当年的国际美食博览会上向贵宾表演包水饺。“湾仔码头北京水饺”受到了中外嘉宾的一致好评，称它是一种具有国际流行口味的食品。臧健和也被誉为“水饺皇后”。

1999年，臧健和获香港首届杰出专业女性及女企业家奖。

2000年，臧健和获第四届世界杰出专业女企业家大奖。同年四月，她还在威尼斯获得第四届世界杰出女企业家奖。

2001年及2003年臧健和被选为百名优秀企业家，2004年获中国工业金奖，2004年获公益奖，2006获世界杰出华人奖。

在威尼斯，她是40位获奖者中唯一一位用中文发言的，蓓蓓为她做翻译。当掌声响起，臧健和流下了激动的泪水，在这个难忘的时刻，她多想让妈妈看到，多么想告诉妈妈她成功了。如果妈妈此刻在场，那该是多么让人开心的事啊！妈妈多少年来为孩子操劳，没有一刻安闲，她的女儿现在终于站在世界杰出女企业家的领奖台上，妈妈却缺席了。她的心一阵阵揪心地痛。但是看到两个女儿用流利的英语跟在场的嘉宾交流、谈笑，她的心中又有了甜蜜。她奋斗20多年，为的就是让两个女儿受到高等教育，成为栋梁之材，以弥补她的缺憾和不足。现在，女儿们做到了，而且做得比她预想中还要优秀，她知足了，上天很厚待她。

臧健和在领奖台上，第一个感谢的人是妈妈。感谢妈妈的养育和教育之恩，因为妈妈，才有了今天她的成功。

然后她感谢的是顾客："我能有今天的这一步，固然与我当初的选择和坚忍的性格有关，但确实是顾客给我的最多。顾客是衣食父母这句话对于衣食无忧的人来说，只是一个道理。可是我从做小贩时就体会到，顾客愿意吃你的东西，你自己的碗里也就有了吃的。我现在的饺子能被人接受，也是顾客的意见和建议促使我做了改良，否则，我恐怕还是一个小贩。"

站在领奖台的臧健和表达了对顾客深深的感激之情。有人问，做水饺的人那么多，为什么臧健和湾仔码头水饺会受到如此大的欢迎？为什么单单是臧健和的水饺获得了如此大的成功？有人说她包饺子包出了亿万黄金。没错，身家过亿的她，只是通过一双手包饺子。中国人谁不会包饺子，可是谁又能凭借这点儿手艺包出黄金？包出过亿资产？

臧健和做到了，这个听起来是神话的事情，臧健和创造了。臧健和的饺子里，包的是真诚和爱心，是对社会的回报以及人文关怀。现代社会，有多少企业家愿意以爱心来经营企业。是臧健和把最缺乏的真诚和爱心传递给人群，弥补了人群中的"最缺”，赢得了市场。臧姑娘的水饺不仅美味，最重要的是放心。这是别人水饺无可比拟的。她的水饺是一种品德，一种爱的昭示。臧姑娘的饺子从来不加防腐剂，也不加味精。凡是对人体有害的，臧姑娘从来不用。顾客不仅买回来了美味，还买回来了“放心”。

梅花香自苦寒来，臧健和以顽强不屈的毅力，以“冻死迎风站，饿死不弯腰”的精神，与困难抗衡，不屈不挠，有志者事竟成，她的事业终于获得了成功！她成了世界杰出的女企业家，赢得了许多荣誉。先后获得香港杰出女企业家奖、中国百名优秀企业奖等。2004年9月臧健和出席在威尼斯水城举行的“世界杰出女企业家”颁奖典礼，湾仔码头水饺成为世界公认的品牌，2006年臧健和获得青岛市政府颁发的“琴岛奖”。她先后荣任青岛市慈善总会名誉会长、潍坊市政协常委、山东省政协委员、山东省工商联常委等职。

顾客对臧姑娘的水饺赞不绝口，被臧姑娘本人的经历所感动，被臧姑娘的精神所鼓舞。臧健和不仅获得了财富，更获得了人们的肯定和赞扬。这是多么巨大的成功！

臧健和是青岛市的侨联委员，她到青岛开侨联大会时，听说家乡要成立慈善机构，当即就捐款100万。她还对记者说：“捐100万太少太少了，我是一个青岛人，是青岛养育了我。今天我有这个能力，就应该多一点儿付出。我和慈善总会商量过，希望把这100万专门用于建设老人院，救助社会上那些生活困难，无依无靠的老人。不以盈利为目的，我希望这所老人院能用我妈妈的名字‘臧毓淑’在命名。”这座公寓位于青岛市浮山后六小区乐环路18号，位于浮山北麓，环境幽雅，空气清新。建筑面积2500平方米，35个标准间，70张床位，是集居住、娱乐、康复、健身、旅游为一体的综合性养老机构。

自古“百善孝为先”。臧健和有着一颗善良的心，成功不忘社会，母爱的心里装着慈善，时刻想着社会上那些需要救助的人。臧健和到香港后十分怀念家乡人民，时刻惦记着年迈的母亲，她想把母亲接到香港居住，但是没有成行。最后，连母亲临终时都没有见上一面，留下终生的遗憾。

臧健和这么做，也是为了圆妈妈的一个梦。虽然臧健和成功了，可是她觉得妈妈终生默默无闻。妈妈付出了那么多，她一定要让更多的人见到妈妈的美丽。臧健和有一颗做女儿的心，这颗心是以告慰妈妈的在天之灵的。

2001年12月8日，臧健和出席了青岛市慈善总会成立大会，并捐款100万元人民币。这是当时个人捐款数额最多的一位，也是迄今为止慈善总会历史上捐款数额最多的一位。在成立大会上，臧健和的发言，感动了在场的成千上万的人，许多被感动的青岛市民通过慈善基金会给她带去了家乡的特产。有的人知道臧健和血压高，还特意带给她降血压的偏方。臧健和对此感动不已，她说：“我是一个生意人，我在青岛做了一单最出色的生意，我用一颗心换来了800万颗心。”

2008年5月，四川汶川发生特大地震。得知这一消息后。在第一时间里“湾仔码头”满载价值50万元美金的救灾物资昼夜兼程来到灾区对灾民进行救助，出于人道主义精神，随行员工还进行了志愿献血活动。表现了血浓于水的深情，受到灾区人民的称赞。

2008年金秋十月，香港“水饺皇后”臧健和捐书活动在青岛颐中皇冠假日酒店举行。2007年经青岛市慈善总会介绍，臧健和成为《青岛人》一书的主人公。书出版后臧健和主动购买1000本捐赠给青岛的大中小学生。此前，臧健和对家乡的慈善情怀，在岛城已是家喻户晓。2002年，臧健和以母亲的名义捐款100万元在市北区投资了臧毓淑老年公寓，2008年，又出资100万在山东大学设立了“臧健和教育基金”。

2009年，臧健和联合当地政府部门在陕西修建了312口母亲水窖，解决了当地许多农户的吃水问题。记者采访她时，臧健和说：“我们会再建562口，目前已经开工了。西北旱情很严重，我天天在祈祷，希望这批水窖能赶在雨季之前建成，帮当地农户多储一些雨水。只要黄土高原上还有一户农民没有解决吃水难题，母亲水窖将一直推进，我们决不收兵。”

关于做公益事业，臧健和说：“企业做大了，最终还是要回归社会。虽然我现在有了一些财富，但是并没有用来挥霍消费掉，而是考虑怎么样更好地为社会服务。这就是企业家应该承担的社会责任吧。”

2010年年末，臧健和担任《背新闻的乌龟》一书的宣传大使。她不仅慈善事业做得好，在环保和关爱动物方面，也是成就斐然。1993年，臧健和到海南旅游，看到一只被抬着将要被卖到酒楼的海龟。她当即决定救助海龟，于是臧健和拿出1200元钱买下，并让人开船把海龟送到深海。当海龟拼命朝大海爬去时，突然回过头看着臧健和，并缓缓点了三下头。臧健和说回港后生意更加好，连拖了几年都解决不了的难题，也圆满解决了。

现在的臧健和家里，养有一只鹦鹉，两只狗，八只猫咪。虽然有一只猫咪，它就是喜欢在床上大小便，很让人头痛。但是慈爱的主人并没有遗弃它，而是为它做了一个透明的大玻璃缸。现在这只猫咪，跟其它宠物一样，在主人的呵护下，幸福地度过了第八个年头。臧健和的家真正可以称为动物的王国。

当然，作为《背新闻的乌龟》一书的宣传大使，香港水饺皇后不只停留在游说上，她已经在行动了，计划利用《背新闻的乌龟》一书在香港和胶南召开发布会向全球发行的契机，邀请书中所涉及的37个国家的儿童到香港，亲自给孩子们包饺子吃，亲自把童话故事《背新闻的乌龟》一书递到孩子们手中。她还会对着媒体说："世界帆船之都青岛，有乌龟仁仁的诞生地胶南灵龟湖、出游地琅琊港畔，那里有中国乃至世界最大的军港，那里的大株山上有美丽火红的杜鹃，它始终热烈地开放着，向人们展示它火热的衷肠，欢迎世界各地的人们来这里走一走。"

"做环保事业和做慈善事业，同样功德无量。我愿意担当《背新闻的乌龟》一书的公益宣传大使，让此书为全球的环保事业以及推介、宣传、营销青岛胶南做贡献。"《背新闻的乌龟》一书的宣传大使，香港水饺皇后臧健和如是说。

如今，臧健和已经快70岁了，作为一个企业家，她正当年；

作为一个女人，一个母亲，她是该享清福的时候了。但是她依然风韵不减当年，青春永驻，正像她的事业一样蓬勃向上，焕发着勃勃生机。臧健和操劳了半辈子，身患糖尿病30年，却为了家乡的事情奔走，不知疲倦。为了家乡的老人，慷慨解囊。身患糖尿病的臧健和接到家乡的邀请时，不宜坐飞机的她，还是咬咬牙赶了回来。为了家乡需要帮助的人，她把自己的身体放在了第二位。

她说："我也曾经是一个无依无靠的异乡人，我也有过举目无亲的经历。能够帮助家乡的老人，就是帮助了我妈妈。"

青岛是她的故乡，是她长大的地方，青岛有着妈妈的一切。每一次回青岛，往事就浮现在眼前，她就觉得离妈妈更近了一些。所以，她想尽自己的一切力量，为家乡的发展做出自己的贡献。

臧健和成功了，可是她说："现在，我最喜欢的事情还是包饺子。我喜欢包饺子时的状态，脑子里什么都没有，只有饺子和我，我和饺子，那是一种特别纯的境界。"成功以后的臧健和还是做着自己喜欢的事情："生活就像爬山，今天我爬到了一半，但我并不满足，我并不认为我成功了，因为我的前面还有人，一个企业家永远不可以封顶。"在人生中认为永不封顶的臧健和并不把成功看得很重，对钱的态度更是洒脱。她说："钱，对我来说只是一个数字。"

在臧健和的眼里，成功只是意味着可以帮助更多的人，无论是从物质上，还是从精神上。在身患糖尿病的情况下，她还是坚持演讲，把自己的事情告诉更多的人，她想如果她的故事能够给更多的人以启发和激励，那么她的成功才算是有意义。她才能找到成功的意义。她的工厂招得最多的是下岗女工，还有那些没有着落的人。虽然企业不是慈善机构，但臧健和愿意用自己的力量帮助更多的人，给那些无助的人生活的热情。她在上海的工厂，聘用了约占一半的下岗女工；在潍坊，臧健和带头成立了“济贫救急基金会”，并担任副主席；在上海、青岛各地，她帮助当地妇联成立“再就业服务中心”，并担任顾问。在内地的所有投资，她都优先聘用下岗职工。她深知，下岗工人许多都是年龄偏大、无一技之长的人。臧健和聘用他们，不仅仅是为了让他们有饭吃，更是为了让他们在这里重新学习、工作和生活，她要用自己的行动告诉他们，一个人只能靠自己辛勤劳动改变自己的人生，不能有懒惰思想。她招收下岗工人的宗旨就是，让大家活得有指望，也算是为社会出一份力。

不仅仅是对下岗职工，对社会上的那些辍学的孩子，臧健和也是慷慨解囊，帮助他们完成学业。她每年都会为社会公益事业拿出大笔资金，这就是成功的意义，能够为社会做贡献。

因为她曾经也是个无助的人，遇到了很多人热情地帮助她。她很感动，现在是她回报社会的时候了，帮助那些无助的人，这就是她回报社会的方式。虽然她现在有钱了，可是她从不乱花，她认为每一分钱都应该花得有意义，该花的钱花多少她都不心疼，不该花的钱，流走一分她都觉得可惜。她当年拒领公援金，立志到社会上创业，一个两手空空的大陆妹，现在打下一片天空，成为香港的骄傲。头顶“香港杰出女性”、“香港杰出企业家”、“世界杰出女企业家”的桂冠，她要让所有人知道这桂冠背后的真实人生，告诉人们，凭着自己的一双手，凭着自己的努力，每个人都可以做到她这样。

她要告诉大家，她臧健和可以坐在世界杰出女企业家的领奖台上，享受人们雷鸣般的掌声，并不是因为她有三头六臂，也不是她有多神奇，只是因为她有爱心，够努力而已。曾经，她也是一个普通的家庭主妇，并且满足于此，相夫教子，孝敬母亲。外面的世界怎么样，缺乏知识和了解，政治是什么样，她也不深想；人生是什么，她更是不求甚解。只是觉得，做个好妻子就可以了。两个女儿出生以后，她更是一心想着，当好妈妈的角色，把自己的家庭维护好，让孩子们生活得幸福就够了。和千千万万的普通妇女一样，满足于低矮的天空，看不见世界的广阔和博大。是生活的现实把她逼出了家门，逼出了狭小的天地，使她不得不走上这条路，她从没想过自己会走到今天。

臧健和自己说：“女人不是天生柔弱的，女人的柔弱是后天造成的。”臧健和具有女人拥有的柔弱，可是在生活面前，在苦难面前，她必须强大起来。

臧健和在给下岗职工作工作报告时，她坦然地把自己的经历告诉大家，与大家分享。她身患糖尿病30多年，每次坐在台上作报告，身体都承受着极大的痛苦，时间长了很吃不消。可是，每当到一个地方，当地的一些部门邀请她给下岗女工作报告，她都不会拒绝。就算是身体再差，她还是坚持演讲。人们被她的故事感染，更被她的精神感染。臧健和用自己的亲身经历鼓舞了大批的人重新生活，重新选择人生。

臧健和用她的人生经历，很好地诠释了一首歌——《掌声响起来》。

孤独站在这舞台
听到掌声响起来
我的心中有无限感慨
多少青春不在
多少情怀已更改
我还拥有你的爱
像是初次的舞台
听到第一声喝彩
我的眼泪忍不住掉下来
经过多少失败
经过多少等待
告诉自己要忍耐
……
掌声响起来
我心更明白
你的爱将与我同在
掌声响起来

我心更明白

歌声交汇你我的爱

因为感受到社会的爱，她又开始回报社会，回报给大家更多的爱。

2003年1月19日，江苏省无锡市妇联会议室人头攒动，人们在拥挤的座位上，目不转睛地看着台上的臧健和，听着她的演说。听着听着，许多人不禁流下了激动的泪水。臧健和艰苦、坎坷却又无比辉煌的一生，拨动了每一个人的心弦，他们从臧健和身上看到了成功的希望。

把心捧给你，我的上帝

臧健和说："我能有今天这一步，固然与我当初的选择和坚韧的性格有关，但确实是顾客给我的最多。顾客是衣食父母这句话对衣食无忧的人来讲，只是一个要求，可我从当小贩起就体会到：顾客愿意吃你做的东西，你自己饭碗里也就有了吃的。我现在的饺子能被港人接受，也是顾客的意见和建议促使我做了改良，否则我恐怕还是一个小贩。"

正是怀着这种感恩的心理，臧健和要求全体员工要爱护顾客。对投诉，她这样看，听到投诉就瞪大眼睛，不但不承认错误，还要把顾客骂一顿，这可是生意人的大忌。做个统计可以知道，买了东西不满意而不投诉的顾客是占大多数的，他们在很忙的情况下，都是多一事不如少一事的态度，以后不买就是了，而肯花时间投诉、肯打电话的顾客真是少之又少，他们正是爱护我的顾客。

臧健和早年一个人经营的时候，就奠定了她与顾客之间一种最特别的沟通方式——看顾客的表情、行为和言谈。只要是顾客有什么不满意的，她就会绞尽脑汁、想尽办法去改进，从而达到顾客们的要求。顾客的意见就是她改良的方向，一切为了顾客，这就是她的定位。在湾仔码头做小贩时，她发现顾客碗里剩下的饺子皮，这促成了她对北京水饺一次脱胎换骨的改革。正因为有了这次改造，她的水饺才能在人群中有着非同寻常的反响。顾客吃到的北京水饺，皮薄爽滑，吃到嘴里很是清爽鲜美。

臧健和永远记得那个说她饺子皮像棉被的顾客，如果没有他的坦诚相告，臧健和就不会那么迅速地行动，在那么短的时间内对饺子进行改革。怀着这份感激，臧健和的目光更加深入地投入到人群中，在技术上、服务上，她都争取与顾客零距离地接触。力求能够听到顾客最真实的声音。

臧健和还清楚地记得："有一次，一位顾客写信来称，买了5盒水饺，煮了两盒结果全部开口，我们马上开会找问题，结果发现是工厂来了一批新工人，培训方面不彻底，他们包得不好才导致这种错误。要是没有顾客，我还蒙在鼓里，继续那样做下去，会走失多少客人？还有一位顾客在饺子皮里吃出一条面粉袋子的残线，他写信来——'不知道你的饺子什么时候长上线了，下次要再长针就麻烦了。'顾客尽管语言很幽默，可我笑不出来却想哭。从那以后，我们意识到面粉不能开袋就用，一定要经过筛箩过程，我们立即买了机器，加了道筛箩工序，保证了面粉的品质。"为回馈忠实的顾客，臧健和特意在"湾仔码头水饺"起步的地方开设专卖店，以批发价销售："这些客人都是从我做小贩时培养起来的，对他们，我有一分情，一分义。"

做生意，是必须与人直接打交道的。跟人打交道，说难也难，说容易也容易。臧健和认为，与顾客打交道，必须要从顾客的思维出发。人都是有差异的，尊重每一个顾客的差异，就是“湾仔码头”水饺的人性关怀。当然，如何与形形色色的人都交心，能取其信任，这是相当困难的。更难的是，有时候会碰到一些顾客来挑“刺”。每当这个时候，臧健和都是心平气和地面对。如果真是她的水饺问题，她会立刻解决，直到这些顾客满意为止；如果不是她的问题，她也从不会计较顾客的态度和脾气。

臧健和这么认为，一个顾客如果提出意见，就算是再苛刻，再刁钻，她都会想办法原谅。从生意的角度上讲，你原谅了他，那么下次他还会过来买你的水饺；但是如果你得罪了他，他可能会告诉亲戚朋友，就这样一传十十传百地丑化你的产品。也就是说，你不仅得罪了他，无意之中可能得罪了更多的人。本来这些人是你潜在的客户，但由于这个人的宣传，他们不买了，你就等于损失了很多生意。买卖最讲和气，所谓和气生财。

而且在臧健和心里，那些能够给她提意见的顾客，都是爱她的顾客。现在社会，每个人都忙着自己的事情，一碗水饺好不好吃，很多人根本没有时间也没有心思在意这个，更不会跟你理论这个事情。只有爱你的顾客，才会给你说自己的意见，才会给你打电话提建议。对这样的顾客，臧健和总是牢记在心里，时刻心怀感激，以此化作动力改进，不辜负爱着自己的这些顾客们的期望。

有个顾客买了一盒水饺，回到家煮出来发现是酸的。他给店铺打电话说饺子有问题，让过去个人尝尝。臧健和得知这一情况，立刻派人去顾客家里拿，并叮嘱员工，如果是我们的问题，一定要赔礼道歉。如果是他保存出了问题，就教他如何正确保存水饺。

当顾客看到敲门的工作人员，大吃一惊。他没有想到店铺竟然会因为一个电话真的登门造访。工作人员带来了一盒新的水饺，并且赔礼道歉说："臧姑娘让我把您买的水饺带回去研究一下，看看出了什么问题，然后再给您答复。"顾客听到这些，很受感动。人心都是肉长的，碰到这样的店铺、这样的售后服务，怎么可能不感动？

所谓爱之深，责之切。因为有爱，所以才会有那么高要求。臧健和把每一位给她提意见的顾客，都看成最爱自己的顾客。

臧健和对待顾客的态度，就像是对待自己的亲人，发自内心地笑脸相迎，发自内心地真诚交流，发自内心地接受意见。永远是顾客第一，永远是以心换心，永远是人性关怀。

她把每次包水饺，都看作是第一次，每个第一次，都富含着她的新意识。臧健和是个喜欢创新的人，讨厌一成不变。她要根据人们口味的变化不断改变自己的水饺。所以，每一次包水饺，都包含着她一次新的尝试，一次自我挑战。在她的眼里，追求饺子的素质，永远没有终点。这就像是一座看不见顶的高山，只能不停攀登，却永远不能停下。

每次，人们吃着臧健和做的水饺，那一声满足的感叹就是对她最大的鼓励。只是这一声，臧健和就觉得所有的付出都值得。

她熬夜苦练，辛勤改进，就是为了顾客们的一声赞叹。就这一声赞叹，她就心满意足了，这就是她继续前进的动力。

终于，她一次又一次地获得了成功。她从人们脸上看到了满意的表情，从人们的嘴里听到了肯定、赞美的话语。她用自己的真心换来了顾客的心。

臧健和总是喜欢找一些挑剔的顾客试她的产品，因为只有最挑剔的食客能给她提出最深处的问题。只要能把这些最深处的问题攻克了，最挑剔的食客都满意了，她的产品才算是过关了。

在臧健和心中，顾客就是上帝。虽然很多企业都有这样的理念和口号，但是并不一定真的就很好地贯彻和执行。但在臧健和这里，这句话决不是一句口号，而是牢牢刻在心上的圣文。

她深深地爱着自己的顾客，臧健和把对顾客的爱深刻地贯穿在自己包饺子的每一个环节中。爱护人，要从爱护胃开始。

臧姑娘说，中国13亿人口有10亿人会包饺子，但我们要做的是13亿中国人都喜欢吃的饺子。因此“湾仔码头”包饺子的理念是两个字：用心。

中国的食品生产厂家极少有组织消费者和媒介代表去参观自己的生产车间的。一方面，很多机密的生产工艺不希望为外人知道；另一方面，不少食品生产厂家“怕”被人看，因为自己或许卫生标准不过关，或许生产质量比较差。然而，臧健和却敢于公开水饺生产的全部流程，并让记者们进行监督。曾经有香港记者贴身追踪她350分钟，对臧健和的饺子素质以及她追求味道等进行过原汁原味的报道。臧健和的一举一动，都被记者零距离地接触并向外界披露。令人惊讶的是，臧健和对每一道程序都是严格把关，哪怕一点点的错误，都不会从她的眼皮底下溜走。凡是入口的水饺绝不能含有防腐剂，而馅儿料还得绝对新鲜。饺子皮不能厚，入口得爽滑，这才算是合格。每次试饺，都要保持水饺味道达到指定水准，若是稍有差池，当天包的饺子必然要“报销”。而且每次试过水饺，她都要记下来每一次的口味，以便日后改进。臧健和总是马不停蹄地穿插于北京水饺的每一家店，日复一日，她从没有停歇过。

为了选取最好的肉制品作为“湾仔码头”水饺的原料，臧姑娘曾经顶着39摄氏度的高温去肉类加工厂选购最上等的前腿猪肉，猪的品种、肉的部位和肥瘦比例都要严格把关，以保证“湾仔码头”水饺选肉的卫生、质量和口感。“湾仔码头”的“用心”从严格挑选供应商开始，对主要馅料——猪肉有着严格的选择标准。在对全国的货源进行了长达10个月的评估后，“湾仔码头”最后只选择传统的良猪产地四川和山东。其次，“湾仔码头”对杀猪的过程有极为“苛刻”的要求，必须让猪在音乐中无痛苦地死去，然后经专业的欧洲进口设备进行自动化一条龙宰割。这主要是为了避免猪在恐惧中死亡导致肌肉中会产生酸性物质，影响肉的口感和鲜美程度。最后，“湾仔码头”只选用前腿猪肉，因为前腿猪肉是“活肉”，因而肉质鲜美，有弹性、滑爽，而且不会含淋巴（散肉通常会有淋巴、血污等），保证了食用安全；选择前腿猪肉也适合于工业化生产，肥瘦比例方便控制，保证了品质，使得肉质稳定，确保食用安全。

臧姑娘对原料都实行严格标准。打开“湾仔码头”水饺，能清晰地看出馅料中的新鲜蔬菜，也能吃出质感，不像有些冷冻水饺中的馅含混不清，吃不出哪里是肉哪里是菜。秘密何在？原因在于除了馅料以外，“湾仔码头”对水饺必不可少的组成成分——面皮和蔬菜等原料也有着严格的标准。在“湾仔码头”的生产车间里，工人们对蔬菜的选择和加工细致入微。所有的大白菜均是从指定的优质生产基地定制生产，以保证其口感甜、脆、爽，并严格控制农残、药残，执行的是美国FDA标准。在车间里进行加工时，用从美国进口的先进的切菜机，根据要求随意调节大小，切割蔬菜一次成型，保证颗粒均匀，不用反复切割，从而最大程度保证了汁水的保留，不仅菜的形状统一美观，且营养不流失。同样，在选择面皮时，“湾仔码头”从选择优质小麦开始层层控制，以保证面的咬感、柔软度及弹性都符合要求。加工成馅皮前，小麦要经18道精选工艺筛选、研磨、压碾，保证面粉的质量，使得口感细腻，有韧性，面皮色泽滑润。创始人亲自验证配方，经过严格的馅料选择和制作步骤之后，水饺就快成型了，同时也就到了最关键的环节。“湾仔码头”采用先进的搅拌机，分别对肉和菜进行搅拌，力量均匀适中，充分混合，又不破坏馅料的水分和营养。随后开始调味。所有新口味的配方都需臧姑娘亲自认可，凭着她对“湾仔码头”的理解以及30年的专业水饺经验，只有她验证过了，亲自尝过了，达到她的标准了，才签字确认配方。

“湾仔码头”水饺采用先进的冷冻隧道，将水饺急速冷冻，最大程度保证产品的新鲜。为保证产品品质在运输过程中无波动，确保在恒久的零下18度环境里，“湾仔码头”出资自行在冷冻车内安装跟踪仪，与电脑联网，实行运输全过程的全自动温度监控。

在1998年至1999年间，由于产品质量不过关，臧姑娘销毁了几万箱的饺子。臧姑娘说：“把不合格的饺子给员工，他们如果不吃，就会拿去送给他们的亲朋好友，这样一传十，十传百，对于我们‘湾仔码头’来说，损失更大。所以，我绝对不让不合格的饺子流出工厂。”

在臧健和这里，人是第一位的。挣钱虽然是重要，但人比钱更重要。臧健和就认这个理，而顾客也认这个理。而这个理，刚巧与现代社会倡导的人文关怀不谋而合。而且，她无论做到什么程度，都从不给自己“封顶”。臧健和总是记得妈妈告诉她的话，人外有人，天外有天。无论你做什么事，都不要觉得自己到顶了，总是有人比你做得更好的，不能骄傲。

人们都说，成功需要机会，但成功更需要的是持之以恒的心。这颗心的本质就是爱。她从一辆小推车走到现在，就是凭借的这颗爱心。臧健和的水饺选料绝对要新鲜，并且无论何时，只要顾客方面有一点点不满意，臧健和都要从头检查，找到问题，认真研究，对症下药。

臧健和的湾仔码头北京水饺就是这么一步步走向完美的。每一步，都离不开顾客的提醒，投诉和建议。只有把投诉当作爱来对待，这样的投诉才会有更高的意义。只有拿自己的真心和爱去交换，才能得到顾客的真心和爱。臧健和就是这样的商家，她的湾仔码头水饺才能发展成一个事业，她才能获得成功。而她，并不仅仅是一个商人，而是一名受人爱戴和尊敬的企业家。

“脚踏实地做人，做有道德的人；尽力承担社会责任，能做多少做多少；爱祖国，爱人民，这样才能得到尊重与爱戴！”这就是臧健和的想法和理念。

“做梦也没想过要成为什么世界优秀企业家。”

“要剔除虚荣和自傲，但不放弃自尊自重。”

“为13亿人做好饺子是梦想。饺子可以作为富有中国特色的世界级快餐。”

这便是臧健和的心声。

做“千手观音”

臧健和将饺子亮在了世人面前。于是，香港人认识了饺子，东南亚认识了饺子，美国的食品公司认识了饺子。饺子这种美食，终于不再默默无闻，就像是一块金子一样，在世界人民面前发出了耀眼璀璨的光。但是，一直崇尚“永不封顶”的臧健和，仍然没有停止自己不断创新、不断追寻的脚步。

2009年末，一直以手工水饺占领超市冷冻柜半壁江山的湾仔码头，宣布在中国首推冷冻面系列产品，欲引领面条消费市场的健康新时代。冷冻面不含防腐剂，以专用面条粉经真空和面，结合现代科技与传统工艺，经过多道延压并且速冻锁鲜，不仅包含碳水化合物和微量元素，口感更是爽滑筋道。被誉为“水饺皇后”的臧姑娘亲临现场，与出席湾仔码头冷冻面品谈会的众多媒体，分享其研发十年之久的冷冻面系列产品之健康营养的美味秘诀。

湾仔码头冷冻面，非油炸，不含防腐剂，区别于市面已有的方便面。目前推出五种口味：台湾红烧牛肉面、京都叉烧豚骨拉面、北海道大虾拉面以及即将推出的台湾香辣牛肉面和九州锅烧牛肉乌冬面。

湾仔码头冷冻面对于选料很注意，上乘肉料的标准涵盖品种、年龄、部位等等细节，在好料的基础上花费大量的精力和时间研发，将传统菜肴的精髓融入到一个工业化的产品之中，使得食品生产工业化。俗话说“半碗面条，汤一碗”，可见好面要有好汤搭。湾仔码头冷冻面每款汤料都真正经过8个步骤12小时慢火熬制，一经稀释加热后即可成为原汁原味、营养十足的汤底。

都市生活，节奏加快，快餐文化使得亚健康人群越来越多。臧姑娘表示：“现代社会高速、忙碌的生活往往使人疲于经过道道工序，为自己烹饪美食。湾仔码头冷冻面的上市，可以让消费者在5分钟内，即可得到一碗真材实料、美味营养的汤面，带来美妙的口感和丰富的营养。”

结合现代科技与传统手艺的湾仔码头冷冻面条包含碳水化合物所具备的微量元素，更有出众口感，令食者在愉快的咀嚼运动中获得丰富营养。湾仔码头冷冻面精选鲜香厚实的牛肉牛筋、鲜嫩细滑的日式叉烧或整只新鲜北海道大虾，配以突破传统工艺的非脱水的西蓝花等蔬菜，原料荤素搭配，口感真实新鲜。从今以后，不用赶早去餐厅等待限量发售的“文火煲老汤”，也不用四处采购食材，在家满头大汗地熬制浓汤。一包湾仔码头冷冻面，瞬间让“好汤有道”。

“湾仔码头”以冷冻食品独步天下，上市的冷冻面系列产品为国内首创，完全区别于传统的方便面、速食面。一经上市，立刻就在市场掀起一场冷冻面狂潮。品牌创始人臧姑娘说："我们不仅要让消费者吃到健康的面，喝到真材实料的汤，还要将吃的感受达到最好！"

湾仔码头开创冷冻面新时代，以下选自臧姑娘新浪博客，《给湾仔码头研发部团队的一封信》——

我们又一个创新产品——冷冻面条在大家的共同努力下面世了！在这个新产品的开拓和研发中，我特别能感受到大家对于湾仔码头品牌的热爱和信心，在研发过程中，大家用120%的认真和精益求精的态度不断追求和努力，感谢大家为此付出的300多个日日夜夜，这段时间，可以用呕心沥血来形容，你们都太辛苦了。

真材实料的冷冻面条在国内还没有同类产品，这就需要花费相当的功夫研究，从原料、配方到工艺都经过层层把关，最后甚至到了精雕细琢的地步；由于是冷冻产品，相较市面的生鲜面对口感挑战非常大，在生产及后期食用过程中，面条需具备极佳的咬劲和耐泡性才能保证消费者品尝到高品质的面条，这对原料、配方、工艺甚至设备都提出了很高的要求。经常是面粉一种一种尝试，配方一个一个比较，工艺参数一个一个摸索。由于冷冻食品的生产成本很高，你们一扎进工厂试验就是连轴转，更是从白天干到黑。

俗话说好面要有好汤搭，这次开发的三款产品分别是台式和日式风味。前期就花了很多时间，通过多种渠道寻找资料和信息，研究地道的汤头究竟是什么样子，而且还要考虑到国内消费者的接受度。然后开始设计和制作产品，汤的色泽、香味、风味、厚重感，都蕴藏着巨大的学问。在做北海道大虾拉面的汤料时，我们更是一遍一遍煲汤，经历了那么多次8个步骤12小时的煲制过程，在汤中加入大虾、鲜鱼力求用真材实料和真心，做出鲜美的海鲜汤。

面条中肉类的选择，也是经历了百里挑一的艰难过程！关键就是选料要上乘，品种、年龄、部位都要有所讲究。酒店里做一盘佳肴不易，工厂里做上千袋口感丰富、品质统一的料理包就更难。如何将传统菜肴的精髓融入到一个工业化的产品之中，使得食品生产工业化，这也需要你们在选好料的基础上，花费大量的精力和时间研发。

一次次的研发，试验，没有达到标准，再重新来过；汤底熬制过程中，一遍一遍地对比，挑战自己；面更是今天硬了，明天软了！总而言之，在研发过程中每个人都承受着巨大的压力和没完没了的重新来过；当你们认为已经成功，怀着激动与期待，把面端到我面前时，却又一次被我否定了！

我心里深知这碗面承载着所有人的心血，辛勤的汗水和坚韧的进取都融在这里面，真的拿到市面上去已经是一个好产品了，但湾仔码头的品牌要求不仅在此，强调信誉，精益求精，目的是为了顾客吃到一份感动，感受到我们的用心，认真和安全可靠！所以，我必须要求你们继续改进！

回头看臧健和一路走来，她在不停地努力、创新、开发之中。

1998年7月在上海推出手工包制的“湾仔码头”水饺和馄饨；

1998年9月在北京、广州推出手工包制的“湾仔码头”水饺和馄饨；

1998年12月推出手工包制的“湾仔码头”汤圆；

2001年9月重新推出改良后的“湾仔码头”馄饨；

2009年末推出冷冻面系列。

臧健和很少打广告，她认为世界上所有的品牌都不能单纯依靠广告的投放取得永久的成功。但是，几乎所有的品牌都要借助强大的广告作为支撑点。可是臧健和却说：“我的产品不是靠做广告起家的名牌，而是伴随着顾客的口碑成长起来的。因为广告只是商家的行为意识，口碑才是顾客选择的市场原动力。”这和一位小品名演员常说的那句广告词有惊人的相似：“别看广告，看疗效！”

一路走来，她说她最佩服两位香港老人：一位是养和医院的老院长，在他100多岁时，仍然每天早上坚持去医院巡查病房，这种敬业和亲力亲为的精神让她感动；另外一位是邵逸夫老先生。“记得2006年外交部酒会上和他见面，我和他开玩笑说，您都90多岁了还健步如飞，而我跟在您后面还一直喘气！邵老哈哈大笑，对我说他只差1年半就100岁了，当时真的吓我一跳。直到现在，他仍然坚持管理他的公司。”她说她最佩服也能够深刻体会两位老人把工作当成终生事业的心情。

如果你有采访臧健和的机会，你会发现，在你问到的问题中，比起个人经历，臧健和更愿意与你交流的是她对食品安全的关心以及她带领员工们开展的慈善活动，她一直说“施比受有福”。

臧健和就是这样做的，她与美国Pillsbury食品公司合作以后，就在上海与广州建厂，产品畅销大半个中国。品种包括各种馅儿料的水饺、云吞、汤圆以及各种汤面、冷冻面。可是她仍然不满足，她希望在中国更广大的范围内建厂投资，让更多的人吃到她的产品。同时，她更有一个愿望，那就是把她的水饺在全世界行销。

为此，无论是遇到什么困难，无论是身体情况多么糟糕，臧健和都没有停止朝着这个目标努力奋斗！

臧健和的“墓志铭”

在我的祖国

只有你还没有读过我的诗

只有你未曾爱过我

当你知道我葬身何处

请选择最美丽的春天

走最光明的道路

来向我认错

这一天要下的雨

请改日再下

这一天还未开放的紫云英

请它们提前开放

在我阳光万丈的祖国

月亮千里的祖国

灯火家家户户的祖国

只有你还没读过我的诗

只有你未曾爱过我

你是我光明祖国唯一的阴影
你要向蓝天认错
向白云认错
向青山绿水认错
最后向我认错
……

这是诗人俞心樵的诗《墓志铭》。从古到今，名人抑或凡人，都有形形色色的墓志铭。这里聊举几例——

玛丽莲•梦露的墓志铭是她的三围：“37，22，35，RI. P’。”

牛顿的墓志铭透着孩子般的纯真：“一个在海边拾贝壳的孩子。”

富兰克林写的是他的宣言：“从苍天处取得闪电，从暴君处取得民权。”

聂耳将自己的心声写成了墓志铭：“我的耳朵宛如贝壳，思念着大海的涛声。”

莎士比亚则表达了自己内心深处对安宁最幽远的期盼：“看在耶稣的份上，好朋友，切莫挖掘这黄土下的灵柩；让我安息者将得到上帝祝福，迁我尸骨者将受亡灵诅咒。”

司汤达的墓志铭平淡中显见奇崛：“米兰人亨利•贝尔，活过、写过、爱过。”

卢梭表达的是对自己的评价，当然也表达了他内心的最爱：“睡在这里的是一个热爱自然和真理的人。”

臧健和有一个在很多人看来都太不可思议的嗜好——看墓地。

曾经有记者采访臧健和，工作之余，喜欢怎么样放松自己？

臧健和说："喜欢亲近大自然，我很喜欢逛各种墓地。"

记者觉得很奇怪，问她："为什么会有这样的爱好？别人不会觉得很奇怪吗？他们会怎么说你？"

臧健和说："是啊，很多人觉得奇怪，可是在青岛时我就喜欢带着孩子逛万国公墓等一些墓地。那时的同事打趣说，你又领着孩子逛'乱坟岗子'了，当然他们是在开玩笑，其实逛的都是绿化和建筑都很美的公墓。墓地里特别宁静、肃穆，到那里就好像到了世外桃源，自己的身心可以得到真正的放松。不仅喜欢逛公墓，我住的地方也在公墓旁边，能看到公墓的风景。"

臧健和有一处200多平方米的豪宅，那是1994年她花1500万港币买的。作为一个身价数亿的富豪。有这样一处房子并不值得大惊小怪，而令人不解的是，她的这处房产并没有位于香港著名的浅水湾或者太平山顶的富人区内，而且它的位置也有些让人感觉"晦气"，因为从阳台望下去，正对着一片墓地，在阳光的照耀下，那些静默的墓碑闪着清冷的光。房子对着墓地是香港人非常忌讳的，而臧健和却恰恰因此看上了它，第一次从阳台上看到那些墓碑的时候。臧健和欣喜不已，心想："这下好了，我可以成年对着它看了！"以致让人多要了300万港币都不知道。臧健和为什么对墓地这样"情有独钟"呢？

这些都源自于臧健和的出身。臧健和出身于青岛一个普通人家，父亲是一个国民党军官。新中国成立前夕去了台湾，母亲从23岁起就带着她们姐妹俩守寡。那时家里实在是太穷了，一张床，一个木头箱子，一个破桌子就是全部家当。因为粮食不够吃。臧健和每天放学都要一路走，一路捡菜叶子。弯腰捡菜叶时，她最大的愿望就是让她捡到一毛钱。每天看着菜叶子的时候，总是想这菜叶子里头可能有一毛钱，可是令她失望的是，这一毛钱她从来没有捡到过。上学的时候，臧健和和同学打架，不管同学多么无理，自己多么有理，她妈妈一定会骂她，恼她。她就问妈妈为什么，妈妈流着泪说，人家是天，你只是一块砖。她怎么也不能理解，为什么别的孩子都是天，而她却只能是块砖。

贫穷、无助和饱受歧视的童年使臧健和变得郁郁寡欢。一个偶然的机会，她钻进了离家不远的青岛万国公墓。那里人迹罕至，而一块块静默的墓碑吸引了她的目光，那些刻画了一个个鲜活生命的墓志铭给了她许多启示。她第一次意识到，原来人生来有不同，死去都是平等的。只有靠奋斗，才能改变一个人的命运。那片安静的墓碑仿佛给她注入了一股强大的精神力量。冥冥之中，她感到自己不再孤单，她再也不肯屈服于命运的安排。

在香港，臧健和已成为一个家喻户晓的传奇人物，透过种种苦难，她的那种追求自尊与平等，自强不息、顽强奋斗的精神，给了所有行走于艰难人生之路上的人们以巨大的鼓舞。臧健和是一个照亮别人的人，而她自己力量的源泉则来自于当年从墓碑上读出的人生信念：人生下来可以不同，但在走向墓地时却都是平等的，所以命运都在自己的掌握之中，荣华富贵不足喜，贫贱困苦不足惧。臧健和喜欢站在阳台上眺望墓地。这正是她思索生命、获取精神力量的一种方式吧！

臧健和说："我对死看得很开，并不恐惧，生老病死都是正常过程。人来到世界上就像演出一样，生前是在舞台上，但终究要回到后台去的，所以没有必要避讳。人没有必要担心死的问题，重要的是一生中做没做一些有意义的事情。"

有人问臧健和："百年之后，您希望别人怎么评价自己？您希望自己的墓志铭上刻上哪些字？"

臧健和回答说："在这里躺着的，是湾仔码头的创始人，是第一个让世界认识中国饺子的人。"墓志铭的风格颇像卢梭，平淡，大气，充满自信。

女儿们大了

当时只为抚养女儿而自己奋斗挣钱的臧健和如今已经彻底“脱贫”了，女儿们也长大了。她在全国各地都拥有了技术先进的生产线，她的湾仔码头北京水饺也在香港家喻户晓。她主理的水饺被香港贸易局命名为香港名牌产品，她更被誉为香港妇女精英，与船王包玉刚的女儿等6人被授予香港杰出女企业家，又获选世界杰出女企业家。

臧健和深有感触地告诉大家：“走向成功的第一步，首先要克服自卑，战胜自己的心魔。女人不是弱者，只要昂起头，不怕苦，照样能够撑起属于自己的一片天。”

“人们常说女人的肩膀是柔弱的，但我并不认为是这样，我一直认为老天是公正的，苦与乐是一张纸的两面，永远相辅相成。如今，回首往事，再苦再累也都无怨无悔，因为我走了自己想走的人生路。我达到了自己努力的目标，将两个女儿培养成材。曾经的辛苦是老天对我的馈赠，我会一直珍视它！”

现在臧健和的财产已经超过了当初瞧不起她的婆婆的整个家族，但是此时她却很平和。女儿们长大了，对于爸爸不负责任耿耿于怀。可是臧健和却说：“爸爸妈妈都不是完人，你们应该正视爸爸妈妈的缺点和优点。”

她还常常督促女儿给爸爸写信，告诉女儿们不要恨她们父亲。可是她自己却从没有与丈夫联系过。她认为，丈夫在那边已经有了自己的家庭，不应该去打扰他。

臧健和的坚强、独立、大度，深深地影响了女儿们。她取得了事业上和家庭上的双丰收。

臧健和说：“我的成功都是女儿们促成的，我的内心深处有‘两部发动机’，是她们让我在遇到任何困苦的时候，都无所畏惧；是她们让我在遇到任何艰难时，都勇敢地向前！”

正因为当初她一心想着把两个女儿抚养成人，并且以此为目标开始起步，路越走越长。现在她成功了，所以荣耀也要与女儿一起分享。

两个女儿不仅长大成人，而且学有所长。蓓蓓从加拿大学成归来，回到香港帮助妈妈料理生意，同时又是美国Pillsbury食品公司香港地区总裁。这虽然不是她向往的生活，可她还是倾心倾力为妈妈分挑重担。臧健和看着女儿在广州为自己管理分公司，打理着数亿资产的生意，看着女儿用流利的英语跟美国人谈生意，拎着笔记本满世界跑，每天都工作到深夜才回家休息，虽然很劳累，却没有一句怨言，她的心里同时既是心疼又是欣慰。

小女儿蓬蓬在加拿大Simonfraser大学经济系毕业后，在资讯科技公司及市场服务公司担任服务经理。两个女儿深知妈妈为了她们的成长花费了很多心血，所以都特别孝顺妈妈。

女儿们长大了，成材了。臧健和实现了当年的目标，而且两个女儿比她想象的还要懂事。两个女儿听到民间说，不吃牛肉可以为母亲增寿时，都把一向爱吃的牛肉给戒了。为了妈妈，别说是戒掉牛肉，就是再难的事情她们也能做。

臧健和成功了，女儿们也长大了，这仿佛是一个皆大欢喜的结局。可是，突然在一个清晨，臧健和睁开眼睛，却发现自己看不见了。原来是30多年的糖尿病，导致她的眼睛坏了。眼底出血，视网膜也受到了伤害。整个世界在臧健和眼前模糊了。臧健和不明白为什么突然变成这样，躺在医院里，她默默流下了眼泪。

女儿们得知这一消息，立刻赶到了医院。看到躺在病床上的妈妈，她们顿时泣不成声。看到伤心的女儿，臧健和立刻换了一张脸，安慰道："没事的，一切都会好的，不用担心。别哭了，我会好的。"

臧健和就是这样，当她看到别人为自己担心时，就立刻会变得很坚强。她不要别人为她难过，为她操心。她是一个总是为别人付出的人，却不愿意别人为她付出。

蓓蓓很了解自己的妈妈，这么多年来，妈妈总是一个人奋斗，一个人扛着所有的困难，一心只想着奉献。无论是对自己的女儿、母亲，还是顾客。她不愿意因为自己而引起大家的担忧。

可是女儿们有自己的孝心。她们一直在母亲的庇佑下成长，母亲为她们付出、牺牲了那么多，她们长大了，现在该由她们来保护母亲了。

两个女儿为臧健和跑前跑后，蓓蓓请了假特意到医院守着妈妈，一刻不离。蓬蓬在繁忙的工作中，也是不断地抽空看妈妈，伺候妈妈。两个女儿还通过各种途径来咨询各路名医，为妈妈的病制定最佳治疗方案。

蓓蓓深知妈妈一生奋斗，牺牲自己很多，现在妈妈几近失明了，不应该让她一个人面对失明。她必须要为妈妈做些什么，必须跟妈妈一起面对。思前想后，已经是合资后的湾仔码头北京水饺在香港地区总裁的蓓蓓毅然决定辞职。虽然她现在职高薪厚，可是这些跟妈妈比起来完全不重要。为了一心一意照顾妈妈，护理妈妈，职位高、薪水高算得了什么！作为一个女儿，妈妈是最重要的，工作有的是机会，可妈妈只有一个。她不想自己以后后悔，只想在妈妈最需要的时候，陪在妈妈身边，这就足够了。

臧健和看着自己的女儿，流下了感动的眼泪。女儿为她什么都能舍弃，这世界上还有什么比女儿的孝心更让人感动和满足呢？又有多少妈妈能享受到来自女儿的爱呢？在这一生中，她遇到了一个好妈妈，现在又有两个好女儿，她觉得自己太幸运，太幸福了。

经过两次眼睛手术，臧健和的视力恢复得非常好。她说，这都是女儿对自己照顾得好，是女儿的孝心感动了上天。她都没有想到，视力能恢复的这样好，即使从医学的角度上来说，也是一个奇迹。而这个奇迹，一定是两个女儿用自己的爱和孝心创造的。

爱，是世界上最美丽，最珍贵的东西。正是因为爱，给臧健和带来了新的光明。她用这双重新看到光明的眼睛，凝视着两个女儿，觉得一种深深的爱在她们身边围绕。

什么是亲情？
亲情是一本字典，
在它的体内，
你能找到“欢乐”和“温暖”，
亲情是什么？
亲情是一颗明星，
在漆黑的夜里，
它能给迷途的心指引方向。
亲情是什么？
亲情是一根绳子，
用它的身躯，
把心与心紧紧地连了起来，
亲情是什么？
亲情是一罐蜂蜜，
蕴含着浓浓的香味，
使人们的心儿如痴如醉。
亲情是什么？
亲情是字典，是明星，是绳子，是蜂蜜。

其实，

亲情就是一种幸福。

看着两个女儿，臧健和深深觉得自己对不起她们。无论自己吃了多大的苦，她都想给两个女儿幸福。女儿们在没有父爱的情况下长大，是她心中最大的痛。20多年过去了，她终于为两个女儿打下一片天空，让她们可以自由飞翔。

除了蓓蓓和蓬蓬以外，在臧健和的心里还有一个深爱的女儿——湾仔码头北京水饺。从刚开始，为了女儿，为了生活，臧姑娘推着小车，走上当时为香港交通枢纽的湾仔码头，卖起她的“北京水饺”。时至今日，臧姑娘在香港家喻户晓，被誉为“水饺皇后”，她的事迹也被拍成了电影。湾仔码头水饺在上海、广州建立了生产基地。如今湾仔码头水饺占据了华南市场冷冻食品半壁江山，在北京、上海、深圳和广州等地的水饺市场稳坐第一把交椅。《华尔街日报》曾这样评论道：“湾仔码头”教会了美国人烧中餐，在美国人心目中，“湾仔码头”就代表着“中国美食”。

“湾仔码头”这个品牌就是臧健和的第三个女儿，她用自己的心血创造她，浇灌她，让她茁壮成长。现在湾仔码头北京水饺已经普遍了大半个中国，也是中国饮食界的著名品牌。中国本来就是饺子的故乡，而香港创业成功的臧健和在把故乡的水饺打造得更完美以后，又把它带回了故乡。让家乡的人尝到用她的智慧和创造带来的美味水饺。

臧健和的水饺并不是靠广告卖出来的品牌，而是随着顾客的口碑成长起来的。家乡父老乡亲品尝到了她用艰辛换来的果实，给予北京水饺热烈的拥抱。北京水饺就像是一个衣锦还乡的英雄，受到了家乡人的热烈欢迎。

臧健和曾经说过，要让湾仔码头北京水饺像麦当劳、肯德基、披萨那样，铺满世界各地，摆上世界各国人民的餐桌。臧健和自信地说："湾仔码头北京水饺是天下最好的美食，为什么不能在各地风行呢？"她相信，她能做到。她相信，没有人会不喜欢美食，没有人会不喜欢她的水饺。

赚钱，也是一种智慧

臧健和赚钱智慧之一：做自己擅长的事

“创业时一定要有一个真正属于自己的好产品——一个能够赢得顾客口碑的产品，一个让顾客在你的小店里排队的产品。有了这样的‘拳头’产品，你才有可能闯出更大的天空。”臧健和说。

20世纪的最后20年，可谓是香港的黄金时期，炒楼炒股，沸沸腾腾，就是想不发财都难。而这20年，也是臧健和从创业到成功的20年，可为什么在到处都是商机的香港，臧健和却一直紧抱着几元钱一袋饺子的小生意不肯放手呢？

这正是臧健和的赚钱智慧之一——做自己擅长的事情。

这并非一种倔强的固执，而是她自己在经验中的感悟。当房产股市风起云涌、一夜暴富者层出不穷时，臧健和也不是没想过在金融地产的财富之海中打捞一笔。

那些年里，她也买过股票，但并没有赚到什么。她买进的时候是80多港元，后来涨到100多港元，经纪人建议她抛，可她却觉得还是等一下再说，结果这一等，反而跌得惨不忍睹。

炒房她也尝试过，但似乎比炒股更不在行。臧健和第一次买楼是1983年，住了11年，30万港元买进300万港元卖出，算是赚了一笔。现在她买的这个房子比较豪华，花了1500万港元，1994年底的时候买进，到1997年的时候它已经升到2500万港元了，但她因为种种原因没卖，因此错过了好时机。

经过无数次尝试，臧健和渐渐地明白了，既然她会包饺子，就要把包饺子当成自己的终身事业，把它做好，并且自己也有信心、有能力把它做好。别的呢，既然不是做不好就是不明白，而且还会因分心而影响到自己的生意，那就干脆不做，专心专意地包饺子。

包饺子的确是臧健和最擅长的事。

臧健和最初的水饺是典型的北方包法，皮厚、味浓、馅咸、肥腻，后来她针对香港人的口味，不断地加以改进。

第一天卖饺子，臧健和的心情忐忑不安。当时有几个打网球的年轻人，循着热气四溢的香味走了过来。他们说，从来没有见过“北京水饺”，想尝一尝。

臧健和恭恭敬敬地把水饺端给他们，然后盯着他们的表情。没想到几个年轻人异口同声地说好吃，每个人又都吃了第二碗。臧健和激动得当场流下了热泪。

还有一次，她在码头卖水饺，发现一位顾客吃完水饺后，把饺子皮留在了碗里，她忍不住上前询问。那个顾客毫不客气地告诉她说："你的饺子皮厚得像棉被一样，让人怎么下得了口！"这一句话，让她难受了几天，也忙碌了几天，终于找到了擀出薄而透亮的饺子皮的窍门。

薄皮大馅、鲜美多汁的水饺终于得到了顾客的认同，有一段时间，每天都会有数十位顾客排队等在湾仔码头她的摊档前吃水饺。

从此，臧健和使足了劲卖水饺，早晨五六点开始一直干到晚上12点。当最后一班渡船停下来后，她的生意才停止。接着她就开始收拾卫生、洗刷码头，虽然没有人要求她这样做，但她觉得环境弄脏了会对不起社会和别人。

明白了自己的选择后，臧健和就不再有任何其他的想法，而这也让她在金融风暴时得到了自己意想不到的收获。

因此，后来臧健和在给香港大学生讲课的时候告诉他们："要做自己擅长的事情，不要做自己不熟悉的东西。要做比较有把握的事情，但要敢担风险，因为这样的风险是你能承担的。"

从推着一辆木制手推车，在香港湾仔码头附近摆小摊，出售自制水饺，到现在的身价上亿，她走过了太多的艰辛，也经历了太多的不幸。她像我们所有人一样，也曾经是个普通得不能再普通的女人，但凭着自己的坚强意志与不断奋斗，她终于用自己的双手创造出了属于自己的奇迹。

她的身上有太多值得我们学习和借鉴的经验，她的智慧足以使我们受益终身！

臧健和赚钱智慧之二：抓住最好的机遇，放大你的想法

很多看上去很“专业”的书，在教导中小投资者起步创业的时候，都会说：“抓住一切机遇做大你的事业。”但是很少有人会教导投资者，有些看上去很好的机会放在你的面前，你要学会拒绝它，因为你会有更好的机会。臧健和用自身的经历绝妙地阐释了这个商业规则。

那时，一家日资百货公司的老板看中了臧健和的水饺，提出与她合作的意愿，并承诺给她牌照开工厂。从一个无牌照的小贩一跃成为有工厂、有品牌、有销路的老板，这对臧健和来说是一种巨大的诱惑，但日本人的条件是要重新包装她的水饺，当作日资百货公司的产品来卖。臧健和断然拒绝了这个提议。她觉得自己当时只是一个没有注册品牌、没有专利技术的小贩，一旦合资生产，把配方和销售渠道都交给了别人，这无异于被人抽走了底牌。于是，她坚持要在包装上保留“湾仔码头”的商标和自己的地址、电话。

“这种要求并非来自盲目自大，因为当时我看到，虽然我仍旧无牌无厂，可是‘湾仔码头’水饺的名气已经很响了，全香港都知道，每天有人排队来吃。美国人说可口可乐即使遭遇大火烧了全部工厂，凭一个商标和一个配方就能重新站起来，那么我现在已经有了商标和配方，离成功还会远吗？”

最终，那个日本老板还是基于“湾仔码头水饺”的魅力和臧健和的诚意，做出了让步。

事业终于小有成就的时候，臧健和意识到："这是我做出的最正确的选择之一。更重要的是我从中找到了信心，明白了身为小贩一样可以独立做大生意。"

皇天不负有心人。今天，"湾仔码头水饺"早已不是街头小贩的产物，而是从各大城市的超市、大卖场售出的包装精美的速冻食品。

1997年，"湾仔码头"的故事又有了延续，美国第三大食品集团、拥有上百年历史的美国品食乐食品公司（现已与美国通用磨坊公司合并）与她合资了，臧健和遂成为北京湾仔码头水饺公司的董事及顾问。

臧健和在香港的创业之路，有3个地方被誉为奇迹。首先是从女性小摊贩变成企业家；其次是在没有花一分钱推广费的情况下，产品就被大量顾客熟知；第三是在没有销售部的情况下把产品铺遍了香港的大街小巷。

论特色，臧健和的水饺虽然是北方食品，在南方并不多见，却也并非稀罕物；论名气，上海的小笼包在小吃中也绝对有着响当当的地位；论口味，很多小吃甚至比臧健和的水饺更让人交口称赞；论实力，更有许多店铺早在臧健和做小贩之前就已经达到一定规模。

那为什么至今却无一家小吃在顾客心目中能和臧健和的"湾仔水饺"媲美，无一家店铺能发展到臧健和的"湾仔码头"的规模呢？

臧健和自己是这样总结的：

“第一，很多小吃是国营食品店的产物，不少员工甚至管理层都是为了工作而工作，从来没有把它当成自己的产品来做，自然难以成功。我有时候都觉得，如果我没有去香港，而是一直在山东，恐怕就不会有‘湾仔码头水饺’了。”

“第二，现在有很多创业者用自己的手艺和资金在做，也有很好的产品，但是没有做到一定的规模，这里不仅有很多经营上的问题，更重要的是不少人缺乏大胆开拓的想法，满足于在自己的小窝里做，不敢往大里闯。”

的确，能把传统的中国小吃做到了令跨国公司“三顾茅庐”的地步，臧健和的远见卓识和精明的眼光确实起到了不可估量的作用。

现在，所有在香港经营的超级市场都有“湾仔码头”饺子的分销点。1985年、1987年、1989年，臧健和还先后开办了3家工厂，生意如同滚雪球般越做越大，固定资产多达4亿多元港币。

成功没有偶然

当初只要老板工资不要老板赔款的臧姑娘能把湾仔码头水饺做成大型产业，企业管理的成功是最主要的原因。

如何对待员工、产品、顾客和社会，臧姑娘实践着的四种“关系学说”，才成就了她今天的奇迹。

对员工：“亲善大使”

1997年初，美国Pillsbury食品公司在和臧姑娘合作之前，曾经悄悄地派了一个著名的顾问公司对其工厂进行调查。事后，这家公司在调查报告中写道：“做了10年的顾问公司，还没有碰到像臧姑娘和职工关系这样密切的公司。”

在臧姑娘心里，她始终认为要发自内心地去关怀员工、尊重员工，帮助他们解决困难，使他们有安全感。而且，“湾仔码头”的售货员应该是代表公司和顾客沟通的桥梁，也是“湾仔码头”水饺的亲善大使。

对产品："良心"

尽管散装冷冻饺子利润高，臧姑娘到现在都拒绝做这一产品。因为她不愿意给顾客没有质量保证的食品。臧姑娘气愤地给记者举例说，有些冷冻饺子厂，在袋装的冷冻饺子过期后，把包装袋一撕，和散装饺子一起来卖，这样的企业简直就是没有良知。

在"湾仔码头"，所有的员工都像臧姑娘一样一丝不苟地工作。臧姑娘在各种不同场合都在对自己的员工讲："我们包饺子给自己吃的时候没有任何压力，但当我们出去卖饺子，给顾客吃，给全香港的人吃，给全中国的人吃，我们身上的担子也越来越重。我们一定要记住，做食品生意的人一定要有做生意的良心。"

在臧姑娘的经营史中，只开除过一个人。那时臧姑娘在香港已小有名气，一位厨师对她说："你的产品很好销，凭着你的名气都有人买，随便做做就行了，何必那么认真？"

就是因为那位厨师对产品不认真，臧姑娘毅然决然地"炒"了他。

对顾客："不能得罪"

"我可以得罪我的员工，但是我绝对不能得罪我的顾客。"这几乎成了臧姑娘的口头禅。还是在湾仔码头当小贩的时候，有一次，臧姑娘发现一位顾客在吃完水饺后，把饺子皮留在了碗里。她追问原因，那个顾客毫不客气地说：“你的饺子皮厚得像棉被一样，让人怎么下得了口！”就是这一句批评，臧姑娘三日三夜不眠不休，改良饺子皮的配方，终于擀出了薄薄的饺子皮。于是，她天天在码头上等候那位顾客，最后竟在来往的人群中找到了这位顾客。当他吃了一碗臧姑娘的新水饺后，忍不住大声说：“好吃！好吃！”

臧姑娘说，事业和顾客，好比子女和父母的关系。子女表现得好，便会得到父母的称赞和鼓励，而这种称赞反过来又会鼓励孩子做得更好。“湾仔码头”就是在顾客的鼓励中成长的，我如果不能在顾客信赖、支持和关怀的基础上去搞好它，我会对不起他们，这就形成了一种责任心。

对成功：“天时地利人和”

在一本书里，臧姑娘写道：“成功是每个人都向往的，然而要得到成功之神的眷顾，是和天时、地利、人和分不开的。”

1998年8月2日，上海市妇联礼堂，刚刚做完报告的“水饺皇后”臧姑娘被上海市的下岗女工团团围住。不出上海市妇联的预料，这位香港亿万富婆与内地下岗女工之间的沟通亲密无间，臧姑娘在用自己的奋斗历程影响着正在开始艰难创业的这些下岗姐妹。

在接受采访时，臧姑娘在娓娓叙谈中不时迸出智慧的火花，让记者听起来也不禁拍案叫绝。臧姑娘没有多少文化，更不懂得咬文嚼字，但她普通的言谈中却讲出了哲理。

于是，有人记录下了臧健和与记者聊天时不经意间说出的五句“经典名言”——

“不管遇到新老客户，我都会和他们打招呼。我不觉得自己是在做生意，而是一种朋友间的相聚相逢。”

“世界上所有的品牌都不能单纯依靠广告的投放取得永久的成功。但是，几乎所有的品牌都要借助强大的广告作为支撑点。我可以很骄傲地说，我的产品不是靠做广告起家的名牌，而是伴随着顾客的口碑成长起来的。因为广告只是商家的行为意识，口碑才是顾客选择的市场原动力。”

“怕失败，不如说是怕成功。失败得越惨，激励人成功的力量越强。”

“一个女人，在困难中的态度和意志会影响孩子一辈子。作为母亲，千万要有一点儿精神。”

“生活就像爬山，今大我爬到了一半，但我并不满足，我并不认为我成功了，因为我的前面还有人，一个企业家永远不可以封顶。”

热播剧《水饺皇后》

臧健和异乡打拼取得成功的事迹感动了无数人，其中也包括电视人。

1995年，TVB拍摄了一部20集的电视剧——《水饺皇后》。该剧一播出，立即刮起了收视的旋风。

《水饺皇后》讲述了女主角朱恩平一生奋斗不懈的故事。朱恩平性格活泼开朗、坚毅不屈，虽然遭遇重重波折，但仍能积极面对，事业上更创出非凡成就。

主创人员给这部剧的定位是时装励志，由陈松伶、何宝生、黎耀祥、苏杏璇、王青、陈彦行等名演员出演，其中，陈松伶饰演的朱恩平一角尤其令观众感动。

《水饺皇后》的故事梗概是：朱恩平、余子峰（何宝生饰）及邓乃强（黎耀祥饰）三人同在围村长大，青梅竹马，感情深厚。余子峰遭遇失恋打击，失意之时得到朱恩平加以安慰，朱恩平更协助余子峰打理酒家生意、为其解脱困难，因此二人擦出感情火花，但却遭双方家长反对，朱恩平、余子峰排除万难最终结成夫妇。

余家家道中落，经济出现危机，余子峰铤而走险，因向银行行骗，被捕入狱。余家宣布破产，朱恩平面对危困，决心自力更生，以包水饺作小贩谋生。因她所做的水饺味道鲜美，顾客闻风而至。邓乃强更将积蓄投资助朱恩平发展水饺工场，使朱恩平的事业一日千里。

余子峰出狱后，见朱恩平事业有成，因自卑心作祟，加之发现邓乃强原来一直暗恋着朱恩平，醋意大发，竟舍弃朱恩平追随旧情人离去。经过一番风雨之后，余子峰幡然悔悟，决定留在朱恩平身边，放弃一切，与她从头开始。朱乃强与余子峰妹妹余玉和结婚，但一年后因病去世。后来，朱恩平重开了餐馆，余子峰亦事业有成……

《水饺皇后》以臧健和为原型进行创作，以臧健和奋斗不已、最终成功的感人故事为主线，演绎而成。该剧不仅让人看到辛苦创业时的主人公朱恩平的不屈与可敬的品质，还让人想到其原型臧健和执着做事，从社会最底层打拼起，一点一滴建筑起企业大厦的辛酸与甜蜜。

其实，人生就是一部电视剧，与真正的电视剧不同的是，它没有剧本，情节和结局也不甚清晰，不过，这部电视剧的主创人员——编、导、演都是自己。

臧健和自编、自导、自演的自己的人生故事，精彩，感人，既催人泪下，又激人上进。

第七章　大爱无声

臧姑娘的动物情缘

臧健和是一个热爱小动物的人，她和一只海龟的缘分，颇富传奇色彩，却让人深思。

那是1993年初夏，在海南月牙湾，臧健和见到了它，一只美丽的玳瑁海龟。彼时，它正被一帮渔民用大筐抬着，四脚朝天，样子好不难受。

臧健和第一眼见它，就心中一动，为它的受难表情而揪心。她目送着渔民们抬着它一步步离开海滩，便忍不住问那些渔民：“你们要抬它去哪里？”

渔民们满脸洋溢着兴奋：“能去哪里，去酒楼啊。”

臧健和心中又是一动，去酒楼？那是什么地方？那是一个生猛海鲜、灵性动物的屠宰场。她心里的不忍更浓重了。像古人一样，“见其生不忍其死，闻其声不忍食其肉”，臧健和别过头，朝海滩走去。走了大约十步远之后，她像是被心中的一种什么东西提醒着一样，蓦地转过头，向那些渔民大喊：“站住！”

那些渔民被臧健和的大吼震住了。他们回过头，看着臧健和。

臧健和快步走过去："你们卖多少钱？"

渔民们开玩笑似地说："1500，不过呢，如果你买，我们1000元给你算了。"

臧健和环顾着看热闹的人，忽然，她看到了一位民警，便拉着他，说："你来为我作证。他们要1000元卖给我。"

民警也笑着说："好。我作证。"

臧健和好像生怕人家反悔似的，立即从包里掏出一千块钱，大声喊着："成交！"

渔民们有点儿不相信，他们大睁着眼睛，像看一个外星人似的看着臧健和。

这个外地来的女人，为什么要买这只海龟呢？而且还有些怪怪的，难道这个女人的钱是大风刮来的？难道她精神不正常？还是有什么不可告人的目的？

管她呢，只要能卖钱，就别考虑那么多了吧。

接过钱，他们看了看海龟，说："给你吧。"

臧健和赶紧又从包里掏出200块钱，对他们说："这200块钱，是请你们帮个忙，把它送回大海里去。"

渔民们这才知道她的真意。

他们内心的善一下子被唤醒了。他们买来鞭炮，搞了一个放生仪式，准备用船将海龟送回大海。

大海是他们的衣食父母，是他们赖以生存的土壤，是他们的图腾哩。

而这只海龟在渔民们备船时，突然从筐里反身出来，拼命向大海爬去。

这时，有游人冲着海龟喊：“快谢谢你的救命恩人吧！”

真奇怪，那只似乎害怕渔民们反悔，正拼命向大海爬去的海龟，仿佛听懂了人们的话，突然回过头来，对着臧健和缓缓地点了三下头！

臧健和的心又是一动：万物有灵，一点儿不错。

看到这奇怪的情景，海滩看热闹的人禁不住鼓起掌来。

此时，臧健和的心里有着深深的感动：一个人，当他对周围的世界施以善心时，这个世界会变得多么美好。而她本人，自从救了这只海龟后，生意出奇的好。究其原因，你可以说这纯粹是巧合，也可以说她的生意和这只海龟没有关系。可臧健和想的却是，这只海龟的灵性在告诉她什么。

臧健和最讨厌饭店杀害有灵性的动物，什么穿山甲、海龟等，她觉得这简直和人类吃自己没什么两样。人类为什么那么自高自大、不懂得尊重生灵呢？臧健和常为此烦恼。

这也许只是生活中的小事，人们常觉得不足挂齿。其实，这正反应了臧健和心中的大爱——将善心施予每一个不起眼的小动物。许多人却并不觉得这和她的成功有关系，人们在感叹她的成功时，也感叹命运。人们只是从另一面来见证命运的神奇，却忽略了她生活中的这些细节。

臧健和跟女儿们都很喜欢小动物，所以家里弄得像个动物园：四只猫、三条狗、两只乌龟和一匹善解人意的马，还有一只总会叫“妈妈，妈妈”的鹦鹉；女儿家里也住着七只可爱的猫咪。他们中的绝大部分都是从动物收容站里领回来的，每次去收容站，看到小动物可怜的样子，臧健和的两个女儿都忍不住要带它们回家。

臧健和最疼爱的是小狗Ego．Ego看着一副很老实的样子，其实平时很淘气。高兴起来老是楼上楼下地乱跑乱窜。Ego算是臧健和收养的宠物兄弟姐妹们里面的“老大哥”，和家里另外四只小猫咪很和睦地生活在一起。有时候猫咪之间打架，Ego还会跑过去充当“调解员”。每每看到此景，臧健和都笑着对Ego说：“别人总说猫狗不和，看来这话到你这里可就不合适了哦。”

臧健和家中的四只猫咪整天跟在她身后“喵喵”地叫着，小狗也在她身旁上蹿下跳着，好不热闹。但是后来臧姑娘家发生了一件让人好气又好笑的事：她家的小狗狗Ego被送去坐“狗监狱”了。

事情的缘由是这样的：Ego被臧姑娘的小女儿带回家玩了，小女儿睡觉时习惯把窗帘拉得严严实实的，所以到了第二天早上了屋子里还是黑漆漆的，而当时Ego就睡在地板上。做家务的菲律宾工人来了，她为了不吵醒臧健和的小女儿，就没有敲门，蹑手蹑脚地进到屋子里。

打扫完卫生以后，她又准备带Ego出去遛一遛。Ego平时是很乖巧的，见了人尾巴就会摇个不停，偶尔还会亲昵地嗅嗅舔舔。但是那天屋里实在太黑了，惊觉的Ego以为有坏人来了，就在黑暗中扑上去咬住了工人的胳膊，说什么都不松口……

按照香港的法律，狗伤了人是要承担责任的。所以Ego要被判进入狗监狱“劳教”一周。犯了错的Ego，不再像平时那样活蹦乱跳了，而是孤单地乖乖蹲在小阳台上，主动接受“禁闭”。臧姑娘本来就是有爱心的人，Ego和臧姑娘一起生活很久了，也建立了深厚的感情。Ego在臧姑娘眼中就像自己的孩子一样，它也是家中动物里最坚强、最勇敢、最有威信的“老大哥”。它忠诚，爱护主人，是一条很惹人喜爱的狗。

臧健和虽然很是舍不得Ego，但是法律不容许她的私心和不舍。当看到Ego那双可怜的大眼睛水汪汪地看着自己，仿佛在哀求“不要让我走嘛，我错了，以后一定会听话的”时，臧姑娘的泪水像断了线一样，一下子掉了下来。

Ego必须要离开了，要到狗监狱接受惩罚。

那天臧姑娘和家人带着Ego来到狗监狱的大门。Ego眼睛里含着眼泪，一直呜呜地哽咽着，浑身震颤着。臧健和知道它在用自己的方式表达对主人和对自由的依依不舍。看着它那小可怜样儿，臧健和的心里同样很难受。但是，只有接受适当的惩罚才不会再次犯错。人如此，狗也是如此。

臧健和对Ego说：“不许哭，乖乖地和警官进去吧！”Ego好像能够听懂臧健和的话，乖乖地任由警官带它走进去，只是在臧健和一行要离开时，Ego眼巴巴地看着他们，再一次呜呜地哽咽起来。臧健和明白，Ego一定是以为自己闯祸了，主人不要它了，才会哭得这么伤心的。

臧健和看着Ego的可怜样子，心里非常舍不得，想要把Ego抱回来。可是想起20多年前曾养过的另一只狗，也是因为同样的原因被送进狗监狱，教养回来后变得非常乖巧，再也不闯祸了，臧健和控制住了自己。

受伤的工人在经过治疗以后被臧健和接回家休养，臧健和与家人还承担了所有的家务，并细心照料她的生活。这一切让这个工人觉得内心很不安。平时她也很喜欢Ego，经常跟Ego玩。因此她的心里也很牵挂Ego，不知道它在那里生活得如何。

臧健和了解了工人的想法后，不断地安慰她："事情发生了，没关系的；你要好好地疗伤，休息！我们会照顾好你，你也不要为Ego担心，它在那里会得到很好的教育，以后会变得更乖巧！"

最后事情就这样解决了，臧健和在自己的博客上写道：

希望周六快点到来，我就可以接Ego回家啦！Ego和我家的小动物们，像一群好动活泼的孩子，它们陪着我和我的家人一起玩，一起撒娇淘气；有它们在，烦恼总是多余的，快乐总是富余的。它们和我的女儿、外孙女一样，是我的家人——快乐永远陪伴的一家人。Ego，我们等你回来！

臧姑娘的西部行

“大地之爱，母亲水窖”活动始于2001年，由中国妇女发展基金会发起，旨在帮助西部缺水地区的生活用水问题。近年来，越来越多的企业加入到这个奉献爱心的队伍中来，“湾仔码头”就是其中的一个。

2008年，湾仔码头向中国妇基会捐资25万元，在陕西吴堡县辛家沟镇的贾家山村、宋家川镇的郭家腰共修建母亲水窖312眼，帮助312户1448名群众告别了缺水、盼水、望水的苦日子。

作为湾仔码头领头人的臧健和曾多次前往陕北地区，并在自己的博客上给网友分享自己的所见所闻。

以下文章摘自臧健和的新浪博客。从这些闪烁着爱心之光的文字里，我们可以用心感受臧健和作为企业家、母亲和非凡女性的爱心：

启程

明天，我将要动身去陕北，开始一段特殊的旅程。

那些妇基会朋友告诉我关于陕北缺水地区可怜孩子们的故事，

深深地震撼着我的心灵。这几天网友们在博客里的回复我每条都看了，看到一些网友还对西部缺水地区的真实情况还不是很了解。我觉得这次陕北行正是个机会，我会用照片记录下那里最真实的情况。

其实早在去年十月，“湾仔码头”就开始加入建造“母亲水窖”的队伍，为陕北缺水地区捐款、修建水窖。在这大半年时间里，我一直想看看那里的水窖建成什么样了。明天，我终于有机会能亲自去看看那些孩子们了，看看他们喝上清澈的水，看看他们拥有健康而干净的笑脸，看看那里的孩子们像照片里的宝宝一样，都能用上清澈的水，洗一次澡！

即将启程，去走走，去看看，体会生存的不易，体验生命的珍贵！

在此，我发自内心地真诚号召大家，一同贡献自己微薄的力量，为这些让我们震惊的苦孩子们做些事！

我们每个人的力量是微薄的，但是只要每个人都拿出爱心，力量就是巨大的！一千元人民币的捐助，就可以为一家人建造一口水窖，就可以让那里的老百姓每天都能喝上水、洗上澡；可以让那里的孩子能够不再为了驮水而放弃学业，可以让那里的大部分家庭都能够自己种菜、养牲畜，过上自给自足的生活，就可以帮助那些极度缺水、缺快乐的孩子们重现笑脸！

我会陆续分享这次陕西行的见闻，由于路途遥远，我们要先到北京，再从北京转机到陕西，然后转乘汽车。

那些让我震惊的苦孩子

仰望苍天的人们，在期待着什么？

你能想象西部山区，对水珍视如同生命的程度吗？

前两天，又看了那部名叫《美丽的大脚》的电影：缺水的西部山区，一群孩子在教室里认真地上课。突然，打雷了，孩子们像疯了似的，纷纷抱起手边一切能盛水的容器跑到操场上准备接雨水，并且每个小朋友都把嘴巴张得大大的，只为了能再多喝一口水。见到雨水，比过年还高兴！这是我第二次观看这部电影，再次受到震惊，眼睛再次湿润。

其实，电影并非夸大其词。早在去年，就在我和一个中国妇女基金会的朋友聊天的时候，她告诉我，在我们国家西部，就真的有这样贫瘠的干旱地区和那些让我们震惊的苦孩子。

涛涛的梦想

涛涛生活在缺水的陕北地区。每次上学需要赶十几里的山路到邻村小学上课。每个周一早晨涛涛上学前，妈妈都会舀出一瓢精心储存但又浑浊不堪的水，倒入以前赶集时捡回的矿泉水瓶里，而就是这一瓶掺杂着泥沙的浑水，竟是孩子维持一周的生命之水，涛涛要分六天才喝完。

从涛涛家到学校要爬过一座小山，每次爬山涛涛都会走得气喘吁吁。每当涛涛感到口渴难耐的时候，才会小心翼翼地从包里拿出那瓶浑水看一看，再放进包里继续赶路，仿佛看一看就能解渴似的；而等到实在口渴得不行时，涛涛才会打开瓶盖，用小小的手指

蘸一蘸瓶盖上残留的水滴，使劲往嘴唇上涂一涂，抿一抿，再满足地继续赶路

涛涛的梦想只是希望能够好好地喝一口水，不用为没有水喝而担心发愁，不用因和妈妈、奶奶到几十里外挑水而耽误学业。真希望这些孩子的愿望能早日实现，也希望更多的人能关注到这些缺水地区的孩子们。

最奢侈的洗脸

今天和大家分享触目惊心的事实，发生在陕北重度缺水的小村子里。

我们习以为常的洗脸，在这里竟然成为生活里最奢侈的事情。只有在重要日子来临时，孩子们才能像过节一样，洗上一回脸。通常村子里的人家都有大大小小几个孩子，母亲们用自创的一套最节约水的方式来给孩子们洗脸。

孩子们乖乖地站成一排，母亲先在嘴里含一口水，先将水喷在大孩子的脸上，大孩子乖乖地将水拍在脸上；而小一点的孩子，会认真地用自己的小手接住哥哥姐姐脸上流下来的水滴，将仅存的一点点水拍在自己脸上，完成一次奢侈的洗脸！

每次想到这些，我都很心酸。当洗脸都变成一种奢侈的时候，这些孩子的未来又在哪里？

村子里的男人们都出去打工了，只剩下老人、妇女和孩子们，连供给生命的饮用水都不能保证，就像上一篇提到的小涛涛，一瓶混浊的水，是确保他生活七天的生命水。用于洗脸、清洗身体、养

牲畜的水更是奢侈的。因为缺水，村子里大多数的妇女们都患有非常严重的妇科病，因为没有条件医治，妇科病演变成当地最严重的疾病之一，加重困扰着妇女们的精神。

平时的生活中，正常人每天用水在30-50升，而在缺水的地区，老百姓是不敢用升来计算宝贵的水资源的。面对这样触目惊心的事实，节约用水不再是一句口号！

洒在地上的水

很多人都在问，我说的那些发生在缺水地区的故事都是真的么？我可以肯定的回答各位网友，这些都是妇基会朋友讲述的真实事情。

一次，妇女基金会的领导去缺水农户家慰问。淳朴好客的陕北农户见到有客人来，非常热情的把客人迎到房间里，把全家人都舍不得喝的水端出来给客人喝。但妇女基金会的朋友知道这碗水对这个家庭意味着什么，有多么重要，怎么也舍不得去喝。

主人家的两个孩子，望着妈妈端出来的那碗水，眼里充满了渴望！他们多想上前去尝尝味道啊，哪怕只是抿一小口，就可以让他们变得欢乐无比。但他们仍然乖乖地站在门口，渴望的眼神却始终没有离开那碗浑水。就在双方相互推让的时候，碗中的水不小心洒到了地上。这时候一个让人震惊的场面出现了：刚站在一旁守望这碗水的孩子们马上跑过去了，立刻趴在地上，不顾一切地舔舐着地上的水，再用衣角拼命地去吸地上残余的水，然后再把衣角放到嘴巴里使劲地吮吸。

这也是一个真实的故事，虽然我只是个听众，但同样能身临其境地感触到当时的酸苦。我真想为那些仍然生活在缺水地区的孩子做点儿什么，因为那些孩子真让我心疼。

驮水

最近连续好几天和大家分享了西部缺水地区感人而真实的小故事。其实在陕北，那些缺水的村庄里天天都在上演着一幕幕感人的画面。

因为极度缺水，村子里上到年过七旬的老人，下到刚懂事的孩子，都要提着桶到几十里外有水源的地方去取水。取水的路是漫长而艰辛的，每次妈妈带着孩子打水，都要到傍晚才到家。崎岖而漫长的取水路，已经很辛苦了。为了保护好这维系生命的水，母亲带着孩子更加小心翼翼地返程，宁可自己摔倒，也不能让水洒出来!

有时候，母亲会和村里有牲畜的人家商量，借来牲畜驮水；这样一次可以运回更多的水。孩子们，更是欢天喜地地上路；满心期盼收获更多水。回来后，妈妈会留下一小部分的水，其余的送给借用牲畜的人家。孩子会眼里噙着泪花问：“为什么辛辛苦苦驮回的水，要分给别人呢？”

妈妈回答说：“我们要感谢有牲畜的人家，是他们让我们驮回更多的水！”

这里的孩子们也和城市的孩子一样，有自己的天真梦想，和属于自己的童话世界，但为了生存，孩子们不得不放弃学习的权利，用稚嫩的小手，驮回维系生命的水……

混浊的水也是生命之源

住在城市的我们，也许完全没有办法想象，如此浑浊的水就是陕北缺水地区老百姓们的生命之源。他们反反复复地使用着这些精心积攒下来的浑浊之水，即使已经用最原始的手工过滤法把它一遍又一遍的澄清，这水还是黄如泥沙，浑浊不堪……

这些宝贵的浑水，对于缺水的陕北同胞们来说，每一滴都是极其珍贵的，浑浊的水维持着他们的生命！

这些文字，细腻，柔和，充满了温情；

这些文字，阳光，向上，充满了爱意。

这就是臧健和和她的湾仔码头宽阔的心胸。

2009年4月26日至28日，湾仔码头一行人再次来到陕西省榆林市吴堡县贾家山村，回访贾家山村，考察冯家源村。

2008年初，为了帮助陕北地区的居民解决生活用水难题，湾仔码头为“母亲水窖”项目捐资，截至2008年底，共为312户人家建造了母亲水窖。令人没有想到的是，短短半年时间，当地的情形发生了翻天覆地的变化。

“有了‘母亲水窖’，不仅饮用水不用愁，还可以洗澡了，大大减轻了我们妇女的负担，原本不愿意嫁过来的姑娘也都愿意嫁给村里的小伙了，可以说‘母亲水窖’解决了我们老百姓最大的难题。”冯家源村的一个村民如是说。

听到这里，臧健和有些激动。

她动情地说：“因为缺水，看到同胞生活用水都难以正常维持，让人实在很心酸。1000元便可为一户家庭建一口水窖，希望能有更多的企业和个人出力。我们一定要把这项事业持续做下去。”

以下臧健和的博客文章，详细地记载了她到陕北期间的见闻和感受，从中我们可以再次领略到她的母性情怀：那几乎透明的爱心，那与陕北人民忧乐与共的归属感，那纯真地跳动的心房，那样亲切，那样令人动容——

小志远的幸福生活

各位网友，我从陕北回来了。看到很多网友留言，大家都非常关心陕北缺水地区人民的生活。现在，我可以很高兴地告诉你们，经过半年多的建设，我们的“母亲水窖”项目已经很大程度地改善了当地一个小村庄的居民生活。这一趟陕北之行，看到了很多令人鼓舞，感动的小故事，这里，先和大家分享一个小故事，一个名叫志远的小朋友——洗脸的故事。

其实在前往陕北贾家山村的途中，我的心还十分忐忑。不知道这个用水极度缺乏的贾家山村是否还过着那样艰难的日子？“湾仔码头”捐资修建的“母亲水窖”到底发挥了多大作用呢？可当踏进村子时，这些疑虑被眼前的事实消解了。我看到很多张有水后的笑脸，其中，最让我难忘的，就是这个叫志远的小孩子。

3岁的小志远，最喜欢的事就是洗脸。以前缺水时，家里没有多余的水给他洗脸。因此，他经常哭闹着要洗脸，哭得撕心裂肺，让家人很心痛，也很无奈。但现在“母亲水窖”建成后，村民的生活用水得到了保障。小志远这个单纯的愿望，终于可以实现了。听小志远的奶奶说，现在小志远每天都会积极地要奶奶给他打一盆清水，然后用小手使劲地撩水，欢实地抹在圆乎乎的小脸上，一遍又一遍，直到他自己认为已经把小脸洗干净了，才满足地抬起头，呵呵地笑起来。短短几分钟的洗脸时光，是小志远每天最开心的时候。

贾家山村因为“母亲水窖”的建立而着实发生了翻天覆地的变化，处处流露出欣欣向荣的发展趋势。充足的生活用水，让村民的卫生和健康情况都得到很大的改善，令村民的生活质量有了基本的保证。

像贾家山村这样自然条件不好而缺水的村庄在陕西省吴堡县就有200多个。而在推行“母亲水窖”项目以及水利部门和当地政府共同努力之后，还有150多个村庄急需解决当地的用水难题。2000年母亲水窖项目刚启动时，1000元就可以建一口“母亲水窖”，9年后的今天，根据交通便利程度的不同，2000元起就可以解决一家人的基本用水！我们每个人的捐助，都是微小的，但汇聚起来却是强大的！希望更多的网友加入进来，贡献一份爱心，出一份力！

“母亲水窖”送媳妇儿来了！

这次陕北行，给我印象最深的小伙子名叫李迎东。我们到李家塬村的前一天，他结婚了。

过去，陕西李家塬村因为缺水，当地的农民必须将时间和精力花在挑水上，因水穷、因水苦。当地村子里的小伙子也很难找到心爱的姑娘，有的甚至打了光棍。李迎东之前看中的几个姑娘，都因为这里缺水，家里穷而不肯嫁过来。

在李家塬村建好“母亲水窖”的短短半年时间里，李迎东和妈妈不需要再去远处挑水。他开始跑起了运输，开始赚钱了，可以置办一个现代化的家了。

当我和李家母子二人闲聊的时候，如下对话，让我难以忘怀：

我问：“李妈妈，您以前要经常到很远的地方挑水吗？”

李妈妈回答：“是啊，我身体不好，但只要能动，就必须去挑！每次都累到想哭，但我不能哭啊，因为害怕哭了就没力气把水挑回来了！”

作为二儿子的李迎东，守护在妈妈身边，担着挑水种地、照顾老人的重担。作为壮劳力的李迎东，每次都是双肩担着80斤的水回来，他说：“以前的日子，实在不愿回忆！至今想起来，都觉得两个肩膀疼！”

当我问起李迎东的妈妈，那时候舍得看到自己儿子那么辛苦地挑水吗，李迎东的妈妈偷偷地流下了眼泪，哽咽地对我说：“不舍得啊，苦在儿子身上，疼在妈妈心里啊！”但当我们谈起有母亲水窖后的生活时，母子二人露出纯朴开怀的笑容。

“当初家里因为没水、穷，看上的几个姑娘都不愿意嫁到穷山沟沟来。”而现在，憨厚的李迎东摸着脑袋对我说：“现在不缺水了，我也能去跑运输了，家里条件也跟着越来越红火，现在好几个姑娘都看上我了，让我挑，我挑了一个最好的姑娘作媳妇！”

说到这里，李迎东母子脸上洋溢着幸福的笑容，看到这一切我也感到很欣慰。

送我们离开时，李迎东对我们说：“以后最大的愿望就是买辆小汽车，带我妈妈出去玩一玩！”李妈妈更是感谢着我们，喃喃自语：“我孙子再也不用受挑水的苦，再也不用受那种罪了！”

人间有爱，妈妈不哭了

每次到陕北，我的心都揪得紧紧的，不单是为这里严重缺水的现状而担忧，更是为那些在田地和家里辛勤劳作的母亲们而心酸。做一个母亲不容易，而在这片贫瘠而缺水的土地上做母亲更不容易。

因为缺水，这里的妇女大多患有妇科疾病，除了比普通妇女繁重好多倍的生活重任外，她们每天还要为日常饮用水等各种我们看来最平常不过的事情操心发愁。这让我想到30多年前，自己带着两个女儿只身来到香港打拼的情形，天底下哪个妈妈不希望自己的孩子健康快乐呢？水窖用“母亲”来命名，也正是因为希望能带动更多的人，一起来关爱这些母亲，帮助她们改变自己和孩子的未来。

2009年我第一次来到高岔村，村里一位姓缪的母亲让我印象深刻。我印象中，当年的缪奶奶跟我们交谈时眼泪几乎没有停过：“每天都要去土窖挑水，没水的时候，一等就是一天。媳妇嫁到这里，生完孩子还没洗过一次澡，还要天天帮我去土窖里等水挑水。

心里总觉得很对不起她。”就连缪奶奶自己，也因为常年没法洗澡而得了严重的妇科疾病，前几年还动了手术。

今年，我们再次来到缪奶奶家，当我看到她脸上绽放笑容的那一刻，心里就像有一汪清泉流过，无比甘甜。缪奶奶告诉我们：“两个儿子已经搬出窑洞，住到了新农村。现在有了母亲水窖，孩子们都能洗上澡了，吃水用水都不愁了，连穿的衣服都能洗干净了。”听着听着，我的眼泪就流出来了，激动地说：“谢谢你缪大姐，你让我们再次体会到了大爱的感受，是相互的分享。”

“我现在身体也好多了，平时种种土豆、养养羊，收入也不错！我和老伴暂时还住在这里，新农村的房子也都建好了，再努力干上一段时间，争取早点儿搬进去，也过过好日子！”从泪水到笑容，我看到了一个母亲最平凡却也最伟大的愿望和母爱。

虽然生活还有待改善，但跟过去相比已经是天壤之别。他们对于未来新生活的渴望深深地感染着我们湾仔码头一行人，希望缪奶奶能早日搬进新农村，在自家的院子里喝上干净的水。

身为一个母亲，最大的幸福就是能看到子女们健康快乐地成长。这些为了家庭和孩子默默操劳奉献的陕北妈妈们，她们虽然处境艰难，却从来没有被生活打败过，让同样是母亲的我，觉得有责任和义务出一份力，这也是我们湾仔码头品牌的宗旨和努力。

“母亲水窖”让她们过上了以往想都不敢想的好日子，可是如何真正改善她们的生活环境，让西部的母亲像城市里的妈妈们一样过上健康幸福的生活，还需要社会给予持续的关注和更多的帮助。

身为一个母亲，我将用心把这份实现母爱的事业一直做下去。我也真诚希望并呼吁天下每一位感恩母爱的朋友，都能够积极参与到我们的这一行动。支持妇女发展基金会这一功德无量的号召。相信爱的涓涓细流定将汇成甘泉，帮助更多西部的母亲实现愿望、绽放笑容！

“母亲水窖”带来截然不同的生活

今天，我要给大家讲述两个村庄截然不同的生存现状，而这两个村庄的距离只是区区30分钟的路程。

拥有“母亲水窖”的李家塬村，是用上干净卫生窖水的幸福村。有水了，村民们也大胆地养起了猪羊。我们来到了村里的养殖大户李兵生家，看到他家院子里成群的羊羔和满圈的生猪，李兵生对我说：“过去没有水，我们的生存用水都很缺乏。想靠养羊多赚些钱，可养羊也要水呀。以前无论养多少只羊，要么热死，要么渴死，能活下来的也不到30只；存活下来的猪羊，也因为吃得不好，没有肉，卖不出好价钱。自从有了‘母亲水窖’，有水的好日子来了，我的羊圈里有几百只小肥羊呢！”

他家还养了很多白白胖胖的猪，在和我们聊天的过程中，他时不时地说，“你们等一下！”原来，他是怕猪热着，定时去给猪圈洒水去。那些猪见到他都可欢实儿了！

而仅距离李家塬村30分钟路程的侨则沟村，因为没有“母亲水窖”，还用祖祖辈辈截留雨水、存放在旱井里的方法，勉强解决着一家老小的吃水难题。侨则沟村与李家塬村的景象，简直就是一个天上，一个地下。

就是这样一个让侨则沟村村民艰难抵达的水源点，也常因为干旱而缺水。村民们，不得不昼夜在这里排队，不吃不喝等候在井口，就是为了听见水冒出来的咕咕声，打到水、提回家！

村民的生活如此艰苦，这里的牲畜生存状况更是艰苦。我们来到其中一户人家探望，他们家里仅有的小羊竟痴痴地望着我手中的空矿泉水瓶。我被它那渴望的眼神打动了，每一种生命都有对水的渴望。在它身边的小水槽里倒了些水后，我对它说："喝吧，快喝点儿水吧。" 这只通人性的小羊仿佛用感激的眼神看了看我，但又十分怕生地不敢靠近。在我们走了几步远之后，我回头望着那只小羊，此时它正慢慢地用舌头舔了舔水，可能是发现这是又干净又甜美的清水，它开始大口大口地舔起来。

同在一片土地上的两个村庄，有无"母亲水窖"，村民们的生活竟有如此大的差异。在陕西省榆林市吴堡县，仅有20%的农户安装了母亲水窖。由于缺乏资金，仍有许多农户像侨则沟村民那样，处在吃水难的困境当中，希望大家都为缺水的同胞们，出把力！1000元就能建一口水窖，解决一家人的吃水难题。我们每个人的力量都是微小的，但汇聚在一起，就是一种大爱，就能汇成一股强大的力量！

有水的生活，不叫好，叫做幸福！

陕西之行一路上的见闻，给我的内心带来强烈的震撼。其中，一个年过九旬的老人家的故事，更是让我忍不住落泪。

这位和蔼可亲的老妈妈，是贾家山村的长寿母亲，当我前来探访她时，老人拉着我的手，非常激动，不停地用方言感谢着：“谢谢你们把水带到村子里来，我已经93岁了，没有想过在有生之年还可以过上有水的生活。说起一件事情，你们都不会相信的，母亲水窖修好后，我才第一次洗上澡。以前就连出嫁生孩子都没洗过澡！真是太谢谢你们了！有水的日子真好！”

自从贾家山村里修建“母亲水窖”后，村民们的生活发生巨大改变。政府也为每家每户做好配套措施。母亲水窖积攒的雨水，通过高压水泵抽，可以将水窖内的清澈干净的水抽到高位蓄水池。当村民打开水龙头后，干净清澈的水就流出来了，如同城里人的自来水一样。

以前没水的时候，村民们想吃菜，只能去挖那种可以在干旱条件下生长出来的苦菜，几乎吃不到绿叶菜。但现在有了“母亲水窖”，村子里家家户户都能自己种菜了。

在这里，以前那样靠“天干吃泪水，下雨吃浑水”度日的缺水生活一去不复返了。离开前，我问当地一位村民，“有水的生活，好不好啊？”

村民回答说：“有水的生活，不叫好，叫做幸福！”

我喝到了湾仔码头“母亲水窖”里的水

前年，当我看到陕北吴堡县的父老乡亲因为有了“母亲水窖”而开始改变贫穷的命运，心里的激动难以言表。因此下定决心，要继续为陕西省定边县捐资修建“母亲水窖”。今年5月，当我再次来到定边县纪畔乡高岔村时，发现这里的变化十分惊人！

长长的围墙，高大的门头，打开院门是200平方米水泥铸就的硬化水场，可以更高效地集水。每家每户都有三到四间平铺大屋，屋子旁的空地上是刚种上的蔬菜秧，屋子后面还新建了沼气池、牲口圈和厕所。这样的情景让我深深感到了翻天覆地的变化。

我们来到一户农家，老奶奶已经八十多岁了，孙子刚娶了媳妇。老奶奶说：“现在的孩子真是很幸福，不但不用再去挑水，还能喝上更干净的水，还能种上供自己吃的蔬菜。这要是放在从前，可是做梦也想不到的呀！”

村子里很多人家都装上了净水器，喝上了干净放心的水。我来到厨房接了一碗水，看着水窖里的稍显灰色的水变成了清澈的水，心里十分激动，甚至还有几分感动！从收集雨水到最终得到清水，是多么的不容易啊！尝了尝碗里的水，真是十分清甜，甜在嘴里更甜在心头！我们用这些清水给大家煮了水饺，村民们都说从来没有吃过这么好吃的饺子。我相信，有了“母亲水窖”，他们以后一定会吃得更好、更舒心，过上更幸福的生活。

一口水窖，两百平米硬化水场，就能帮助一户农民获得一年的饮用水和生活用水。我们只是做了两个地方，就看到了可喜的变化。我和我的团队一定会坚持下去，同时考虑如何更进一步地帮助他们真正脱贫致富。

然而，在中国西部，仍然有很多的农村喝不上水，或者只能喝上黄黄的泥水。在此，我再一次发自内心地真诚号召大家，一同贡献自己微薄的力量，为这些还生活在缺水痛苦中的村民们做些事！让爱心之水涌动中国！

“忽然间，耳边又想起了妈妈的话：‘只有付出，才有回报。’这一刻我终于明白了那句话的意思，刚开始，我没有照料那盆含羞草，只想着让它开出花来，我没有对它付出什么，它自然也不肯开花回报我，后来，我每天都精心照料它，呵护它，我付出了自己的心血，付出了自己的精力，它终于开花了，虽然只是小小的一朵，可那就是它对我的回报啊。花很小，也只有一朵，可看着这朵花我是那样的快乐、开心。其实，做人就是如此，只有付出了，才能得到回报，才会发自内心地感到快乐。付出，也是一种快乐。”这是一个小学生的作文，含羞草的开花，不过是它张扬生命的方式，可是，在小作者眼里，却是对自己的一种回报。这是多么朴素、多么令人感动的情感！

而对于臧健和而言，她期望的回报更为简单：一张明媚的笑脸、一句与她无关的赞美家乡的话语、一个清澈如泉的眼神……都是对她奉献的回报。

或许，臧健和心里，根本就未想过任何回报。

一切，都如风行水上，自然成文。

臧姑娘的感恩

给人印象最深的是，已经创业成功的臧健和，时时处处流露出感激——对生活的感激，对生命的感激，对顾客的感激，甚至，她对失败、对过去的困难，都充满了感激。

创业，顾名思义，重在创。所谓创，即根据社会这个大环境和创业者生活的小环境，并结合自己的特长，确定方向，这是前提，也是成功与否的关键。

臧健和和她的湾仔码头，便是“创”的结果。

对此，臧健和有着独特的感悟——

有朋友打电话给我，告诉我在某个网站看到一篇文章，内容是说北方的某个年轻人，对自己这些年造下的食品造假罪孽进行了忏悔，所以就看了一下文章。事情不是当事人而是由他人转述，原文里说到他造假产品有“假思念，假三全，假湾仔码头，假蒙牛绿色心情和小布丁，还有伊利的巧乐滋，冰工厂，小布丁……”

我想对那位做错事情的年轻人说几句：没有什么比人的生命健

康安全更重要，食品造假绝对是一件伤天害理的事情。你现在能够幡然醒悟，选择向司法机关自首是一个正确的选择，藏姑娘为你的决定感到高兴。从你现在准备选择自首，看的出你还是一个良知未泯的人，在法律的制裁之后，臧姑娘希望你能够从哪里跌倒就从哪里爬起来，做一个有益于社会的人！

年轻人为什么不能立志有一天也创立自己的品牌，为消费者提供优秀的产品……？在这条路上你一定会遇到许多的困难，但只要想一想当年两手空空又身体病残，臧姑娘都坚持过来了，只要你有毅力拼搏进取就没有什么目标是不能实现的。

一个真正的企业家应该选择靠自己的双手合法致富，依靠自己的力量创建对社会有益的事业。这样的事业，才能让自己安心；这样的生活，才能让自己坦然。臧姑娘相信你会选择做一个有出息的人！

——选自《做一个有出息的人》

10年前亚洲金融风暴的时候，一位记者记住了我的一句话——“炒楼、炒股都不如包饺子！”当年，我只是无心说了那么一句话，现在想起来这句话也确实是我30年打拼的一个基本理念。现在，全球金融危机来袭，许多年轻的朋友都问我：“臧姑娘，你是怎么理财的？”其实，我的生意经很简单，那就是“脚踏实地，做自己熟悉又喜欢的事情”。

回想当年初来乍到在香港，万事开头难，但天无绝人之路，记得在我腰骨受伤后的一天，一位朋友来我家做客，吃了我包的饺子后，对我说：“实在找不到工作，卖水饺也挺好的。摆个摊，自由自在，身体不好了，就收摊；身体好了，就出摊。你的饺子，肯定会受欢迎，味道真是太好了！”就因为朋友这一句话，提醒了我这个梦中人，我对饺子的激情一发不可收拾，虽然那时的港人并不能一时接受饺子，但我又自信让香港人爱上我包的饺子！于是，无论朋友们从经商角度，提出多少质疑；我从自己的爱好和特长出发，开始了我的卖饺子生涯，也就是从那时起改变了我的整个人生。

说实话，直到现在我还非常感激那位朋友，他的一席点拨，让我恍然大悟——原来自己拿手的水饺，才是最踏实的“拳头”。对刚刚创业的年轻人，我要奉劝你们，在创业初期时一定要在自己熟悉的领域，专研一个真正属于自己的好产品，而且要用心的做，这样才能够赢得顾客的口碑，才是你投资理财的制胜法宝。不投机，不盲目，踏踏实实的干，你也能创造更大的事业！”

——选自《炒楼、炒股都不如包水饺》

在自己的家乡，看到在座的各位领导和来宾，一种发自内心的感激之情溢于言表。我只是一个普通的山东人，把山东人的艰朴勤劳、努力进取精神，当成我创业的动力；把家乡人坚韧执着、认真负责的态度，当成我今后工作的准则。实现把品牌更好地做向全世界的理想，离不开家乡父老对我一直以来的支持与帮助。

面对前来参观的来宾，我很想对他们说：“很多人都说我幸运，包水饺包出了过亿资产。我是幸运的，但能包出多少资产并不是我最关心的，我最大的感受就是包水饺也要用心包，包出自己，包出真诚，包出对人的情与爱，包到人的心里去，如果包不出真诚，我也不会有现在过亿的资产。”

在接受媒体朋友的访问的时候，很多人问我现在我的产品已经卖出了香港，走进了全国普通百姓家庭，成为他们餐桌上一道既有营养又安全健康的美食，那下一步我的目标是什么？其实早在30年前湾仔码头创立初期，我就希望有朝一日能实现我把中国美食推向全世界的愿望。 如今与美国通用磨坊食品公司的合作也确实没有让我失望，经过十年湾仔码头不仅成了中国大陆、台湾的一线市场的市场占有率第一品牌，还在北美和欧洲上市。我相信总有一天，中国饺子能够和汉堡包、披萨一样成为全世界的美食！

——选自《来自家乡的感动与责任》

感恩的心/感谢有你/伴我一生/让我有勇气作我自己

感恩的心/感谢命运/花开花落/我一样会珍惜

这是歌曲《感恩的心》的几句歌词。

让我们像臧健和一样，学会感恩。

或许，这样，我们会离成功更近……

下面是臧姑娘的博文——《团圆饺子中国年》

马上就到农历新年了，回家过年是背井离乡的人们此刻最大的夙愿！在外的游子们，无论回家的路有多长，归家的票多么难买，都要赶在除夕夜前回到家中，为的就是在这个最重要的节日里，能和家人在一起，一家人团团圆圆的过个年！

在外的孩子们经常会在回家前犯“愁”，费尽心思想给爸妈带什么礼物才好？其实，父母不需要礼物，只需要你平平安安的回来，看到你在眼前，亲切地叫声：“爸妈，我回来了！”他们就心满意足，喜出望外了！

已经归家的孩子们，请忘掉你们的工作压力，放下让你忧愁焦虑的事情，在家里，你永远是父母的孩子，除夕夜和爸妈一起和面包饺子，擀上一张张平安皮，包上美味如意馅，在这个简单的过程中，感受家人之间所特有的连接，亲情与温暖！

没有回家的孩子们，请大家在除夕夜不要难过，快乐地给爸妈打个电话，让他们听到你的问候，感受到你在外的坚强与乐观；不要封闭在自我的小天地，约上几个不回家的朋友一起过属于你们的春节！一起动手包饺子，再炒几个小菜；或者像香港人那样“打边炉”（类似火锅），简单又丰盛，最后在锅里下饺子、馄饨；吃得暖暖饱饱的，健康又美味！

今年的春节，和往常一样，来我家过年的朋友们还是那样多。因为每年春节我都会亲自动手擀面皮、拌馅、包饺子，把我的心意和祝福包给大家吃，按照我们中国人过年的风俗，把象征不同美好寓意的花生、桂圆、红枣、栗子、糖、硬币包进饺子里。大家都想在春节时，吃到各种各样的祝福，于是每个人进我家门，便迫不及待地说：“臧姑娘，我要吃你亲手包的祝福饺子！”

为了能吃到更多的祝福，尤其是年轻的朋友们，他们在吃饺子的时候更是雀跃！常常是一直吃，一直吃，边吃边抱着肚子猛叫：“好饱，好饱啊！”但为了吃到更多的祝福，还是在不停地吃，边吃边听见朋友们喜出望外地大呼小叫：“啊！我吃到健康啦！”“我吃到鸿运当头啦！”“我的爱情甜蜜蜜啦！”欢呼声最大的一定是吃到钱的人，一吃到就立刻蹦跳起来，大叫着“啊！我吃到钱啦，我今年财源广进啦！！！”于是，大家共同举杯，祝福他：“恭喜发财！”

满屋洋溢着朋友们的欢声笑语，看着大家红扑扑的脸蛋映着鲜红的桃花，一片节日的气氛就更加祥和快乐！即使再忙再累，我都是特别快乐、甜在心头的！因为朋友们很多，每年春节像这样的欢乐情景，都是从大年除夕夜一直延续到正月十五。

我愿意将中国的传统祝福分享给每一个朋友，希望这样的吉祥祝福，让大家在新的一年里心想事成，快乐如意！在此，我由衷地祝愿每一位网友度过一个欢乐幸福的虎年春节，你和家人们身体健康，虎年吉祥如意！

我的小外孙女Megan是我家的小能人，常常做我的小助手，和我一起包饺子款待朋友们（往往是越帮越忙）……

祝福，英文译为blessings，wish well，古来有之。有这样一条短信：好好去爱，去生活。青春如此短暂，不要叹老。偶尔可以停下来休息，但是别蹲下来张望。走了一条路的时候，记得别回头看。时不时问问自己，自己在干嘛？记住，每天的太阳都是新的，不要辜负了美好的晨光。臧健和的文章里，也充满了这样暖意融融的祝福。在向每一个人送去自己诚挚的祝福时，臧健和已经不再是那个光芒四射的水饺皇后，而仅仅是一个和蔼可亲的邻家大姐……

臧健和大事年表

1945年

臧健和出生于青岛市。

1974年

臧健和丈夫回泰国定居。

1977年

臧健和带着两个年幼的女儿，在去泰国寻亲的途中，因为意外被迫停留在香港，开始以打短工、摆小摊谋生。

1978年

臧健和在香港湾仔码头开始卖手工包制的水饺。

1985年

在香港设立第一家湾仔码头水饺工厂。

1996年

臧健和斥巨资建造的1200平方米符合国际标准的现代化厂房耸立香港，使“湾仔码头”实现了质的飞跃。

1997年

为了庆祝香港回归，臧健和向香港妇女界及老人中心送出了1997盒水饺和汤圆；

美国Pillsbury食品公司（现已与美国通用磨坊公司合并）入资“湾仔码头”，并在上海、广州建生产基地。

1998年

3月，在上海建立冷冻食品合资企业；

7月，在上海推出手工包制的“湾仔码头”水饺和馄饨；

9月，在北京、广州推出手工包制的“湾仔码头”水饺和馄饨；

12月，推出手工包制的“湾仔码头”汤圆。

1999年

臧健和获香港首届“杰出专业女性及女企业家”奖。

2000年

4月9日，臧健和出席在水都威尼斯举行的“世界杰出女企业家”颁奖大会，她受到了来自世界各地女英才们的盛赞。

2001年

9月，重新推出改良后的“湾仔码头”馄饨；

臧健和被选为中国百名优秀企业家；

12月8日，青岛慈善总会正式挂牌成立。臧健和从香港飞回青岛，捐资100万。

2002年

从这一年开始，“湾仔码头”在北京、上海、广州、香港等水饺市场销量稳居第一。

2003年

臧健和被选为中国百名优秀企业家。

2004年

臧健和获“中国工业金奖”、公益奖。

2006

“湾仔码头”成功进驻欧洲、北美市场。《华尔街日报》曾这样评论：“‘湾仔码头’教会了美国人烧中餐，在美国人心目中，‘湾仔码头’就代表着‘中国美食’。”

同年，臧健和获世界杰出华人奖，并被授予美国哈姆斯顿大学荣誉博士学位。

2007年

11月30日，臧健和博士在香港接受展涛校长颁授聘书，成为山东大学首届校董会校董之一。

2008年

10月15日，“臧健和教育基金”成立仪式暨“逆境创辉煌”励志演讲会在山东大学东校区新校邵馆报告厅举行。山东大学校长展涛与山大校董、美国General Mills公司董事兼顾问、“湾仔码头”水饺的创始人臧健和博士签署了捐赠协议书。臧健和博士决定出资100万元人民币，在山东大学成立“臧健和教育基金”，以支持山东大学的发展建设。

2009年

10月28日上午，“香港水饺皇后臧健和创业史展”在泉城济南山东省侨办华侨会馆开展，臧健和亲临山东华侨会馆开幕式现场。

2010年

9月7日至8日，经青岛侨联组织策划，并联合青岛大学、青岛理工大学共同举办了“从青岛走向世界的‘水饺皇后’臧健和创业谈”。会上，臧健和为两校大学生作了《创业与人生，共铸美好未来》的专题讲座，向500余名有志于创业发展的学子讲授了不平凡的人生经历。

本书重要参考书目

1.《创意即财富》，作者：陈荣军，出版社：中国传媒大学出版社，版次：2012年1月第1版

2.《女人致富的秘密——30岁赚足一生财富》，作者：田英洙，出版社：漓江出版社，译者：游芯歆，版次：2012年1月第1版

3.《一个女人的神话——水饺皇后臧健和的悲欢人生》，作者：于艾香，出版社：山东画报出版社，版次：2006年7月第1版

4.《财富的真相——叶航财富随笔》，作者：叶航，出版社：中华工商联出版社，版次：2012年2月第1版

5.《思考力——让财富迅速增长的智慧书》，作者：希尔，译者：梦瑶，出版社：中国纺织出版社，版次：2012年2月第1版

6.《80后必修的30堂理财课——财富直通车》，作者：张毅，出版社：清华大学出版社，版次：2012年1月第1版

7.《在财富中修行——让灵魂跟上财富的脚步》，作者：毛凌云，出版社：北方工业大学出版社，版次：2011年12月第1版

8.《财富预见力》，作者：刘晓林，出版社：浙江工商大学出版社，版次：2011年11月第1版

9.《了不起的中国富翁》，作者：本社，出版社：湖南少儿出版社，版次：2011年10月第1版

10.《27位中国名女人的赚钱智慧》，作者：张亿，出版社：中华工商联出版社，版次：2006年7月第1版

11.百度百科

12.相关网文